Tatjana Davidoff

Deine Noten – Dein Klavier – Deine Musik

26 leichte und sehr leichte Klavierstücke für Kinder und Erwachsene – Band 1

artist ahead

6. Auflage 11/22

ISBN 978 3 86642 104 2

Umschlagentwurf: Ron Marsman
Notensatz: Tatjana Davidoff, Hans-Jörg Fischer
Layout: Regina Fischer-Kleist
Autorenfoto: Ulrike Schmock
CD-Mastering: Studio 03, Fabian König

Hergestellt in der EU

artist ahead GmbH · Wiesenstraße 2-6 · 69190 Walldorf · Germany
info@artist-ahead.de · www.artist-ahead.de

Inhaltsverzeichnis

Die Songs

Download der Hörbeispiele

Rufen sie die Seite **www.artist-ahead-download.de** in ihrem Browser auf. Klicken sie auf den entsprechenden Downloadbutton „**Deine Noten, Dein Klavier, Deine Musik**" und geben sie dort die folgenden Zugangsdaten ein. **Benutzer: DeinKlavier**
Passwort: leicht
Hier haben sie jetzt verschiedene Optionen sich die Hörbeispiele herunterzuladen, zu speichern oder auf CD zu brennen. Eine Audio-CD mit allen Titeln zu diesem Buch gibt es ausschließlich und nur in unserem Onlineshop auf **www.artist-ahead.de**

Vorwort

Als Klavierpädagogin gilt meine Leidenschaft nicht nur dem eigenen Musizieren, sondern hauptsächlich der Entwicklung meiner Schülerinnen und Schüler. Einige Stücke habe ich in den Stunden des Unterrichts niedergeschrieben und nahm dabei nur auf das gegenwärtige Bedürfnis des Schülers Rücksicht. Daher war es mir ein großes Anliegen, ein Klavierbuch zu gestalten, das Fähigkeiten wie Fingerhaltung und Anschlag schult und dabei trotzdem so arrangiert ist, dass der Spaß am Musizieren durch anspruchsvoll klingende Melodien nie verloren geht.

Liebe Grüße
Tatjana

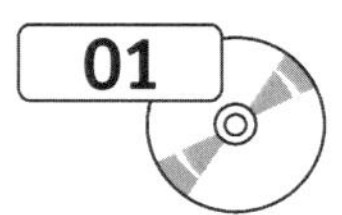

The Yellow Woman

Die gelbe Frau

Tatjana Davidoff

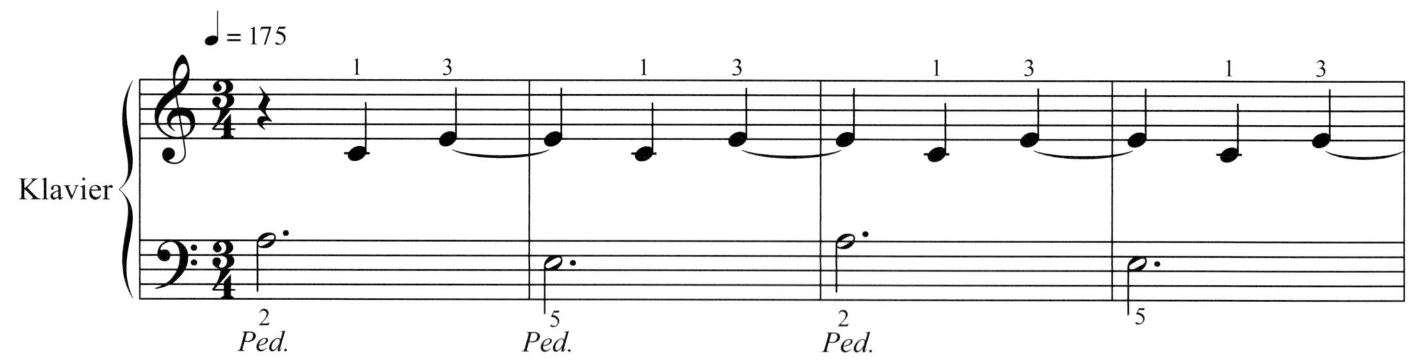

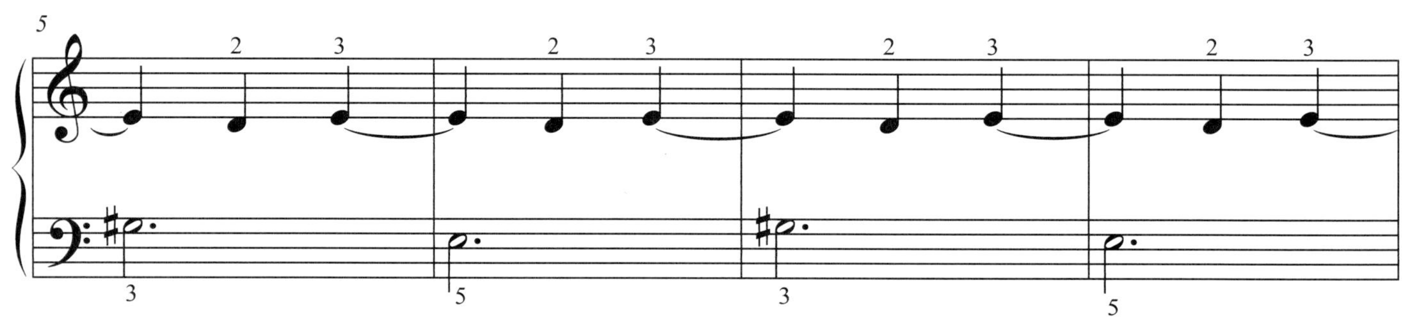

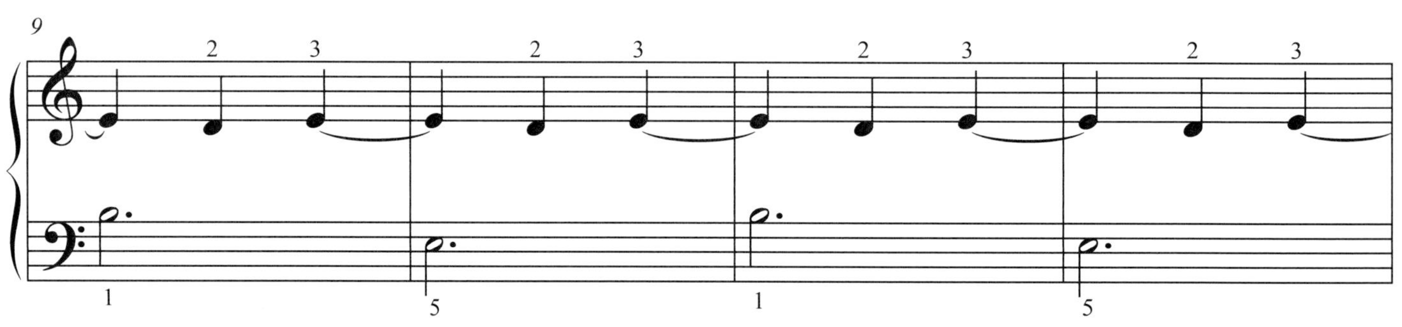

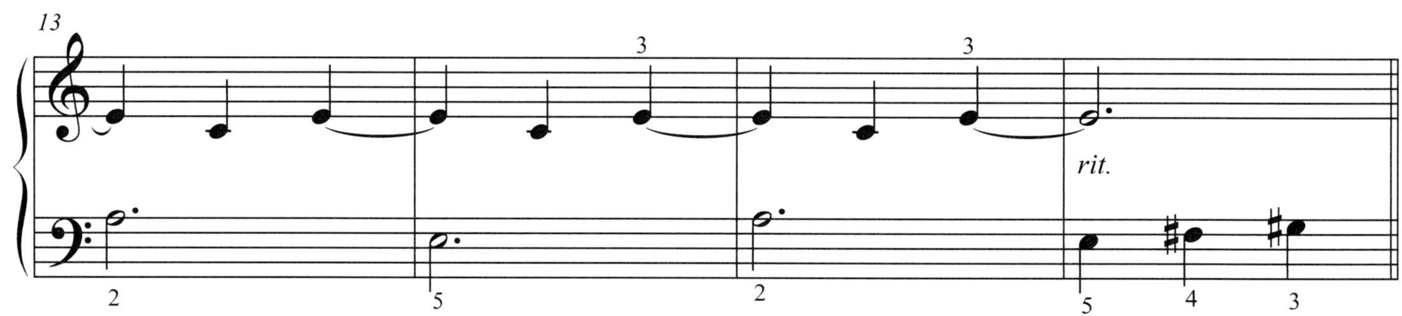

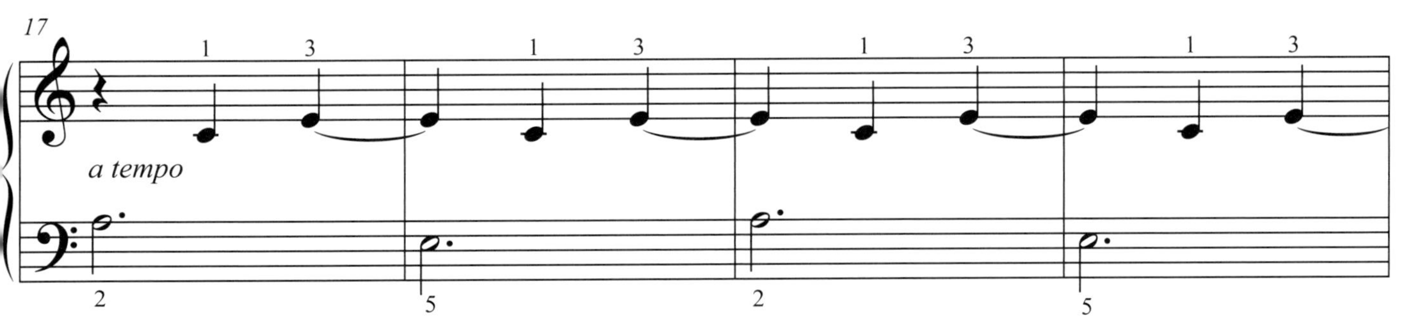
17
a tempo

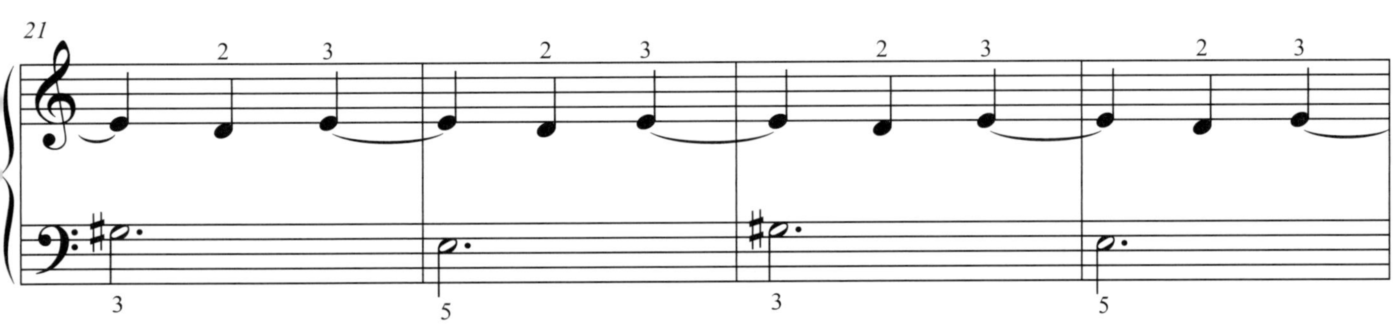
21

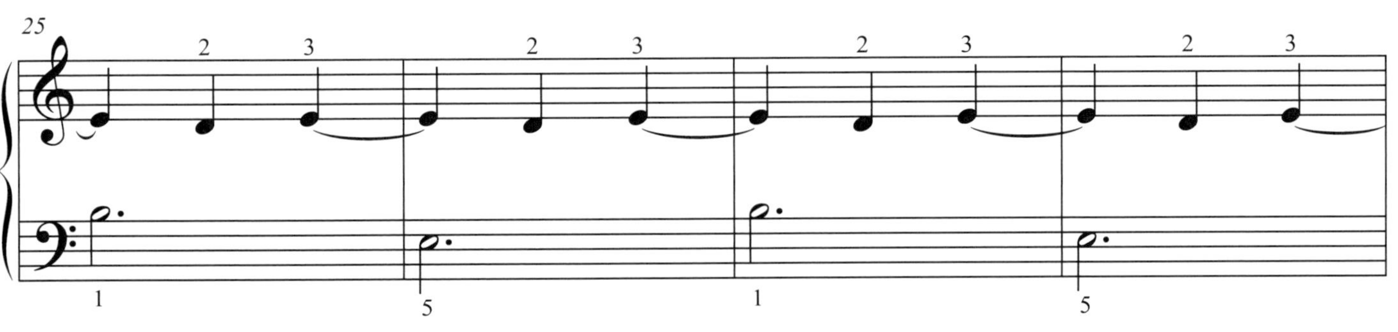
25

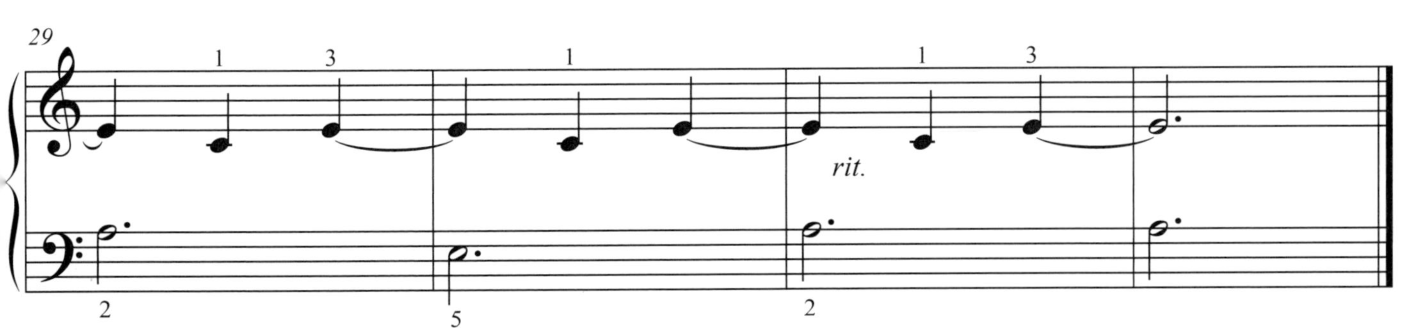
29
rit.

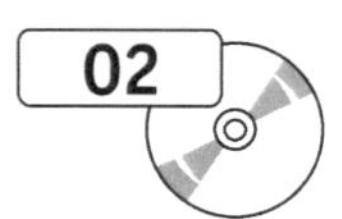

Paper Planes

Papierflieger

Tatjana Davidoff

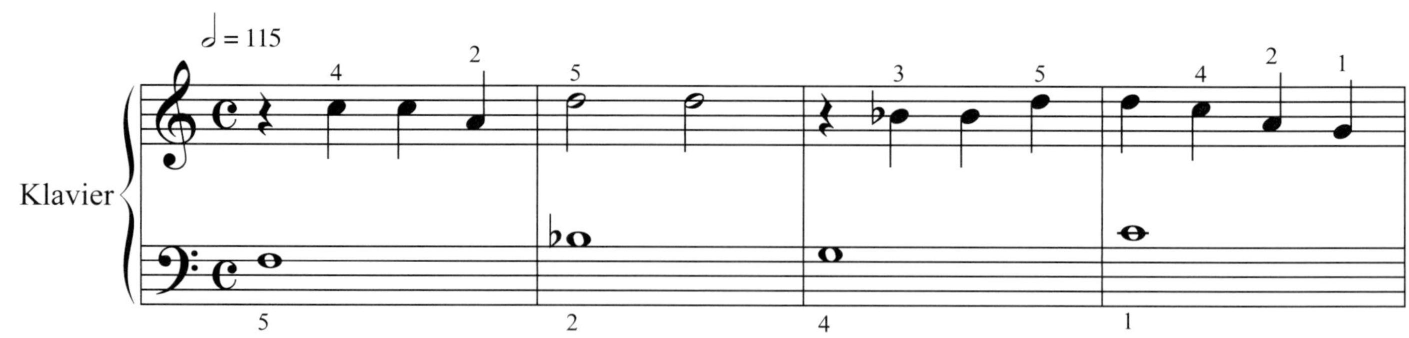

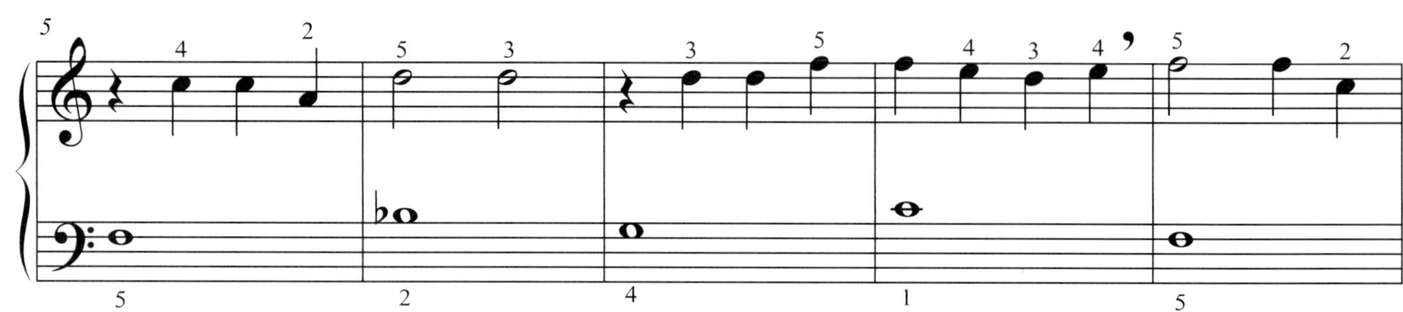

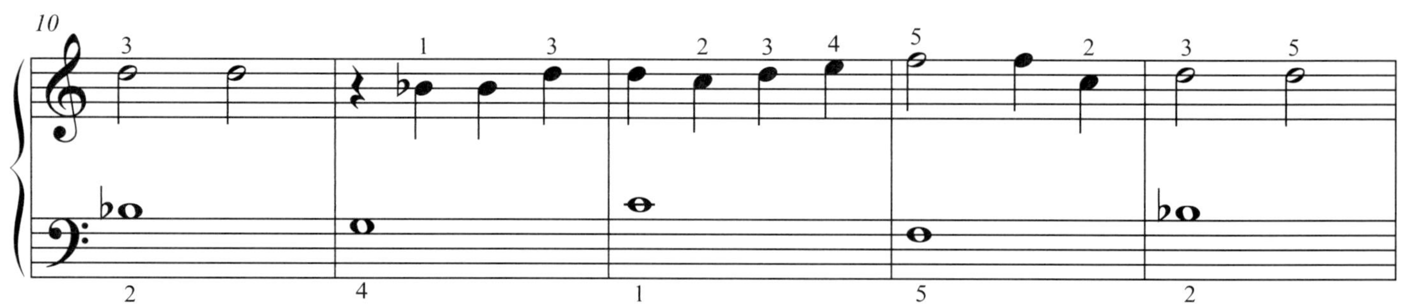

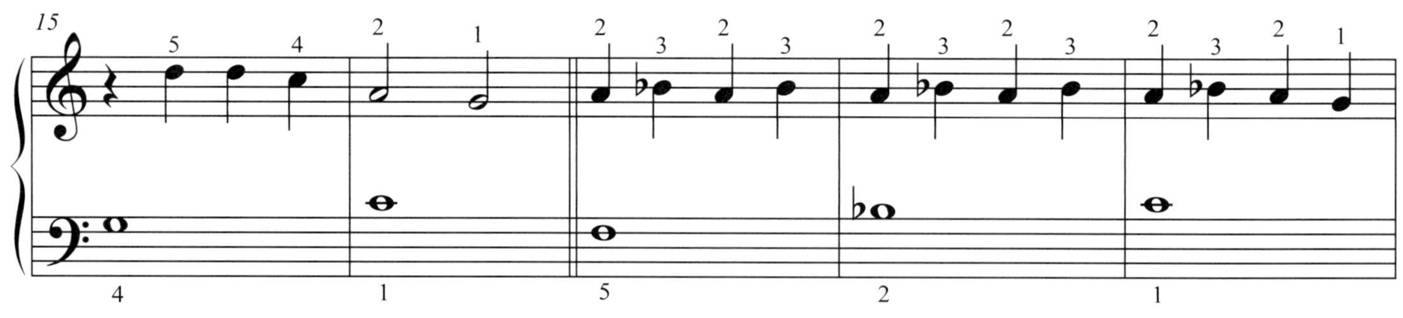

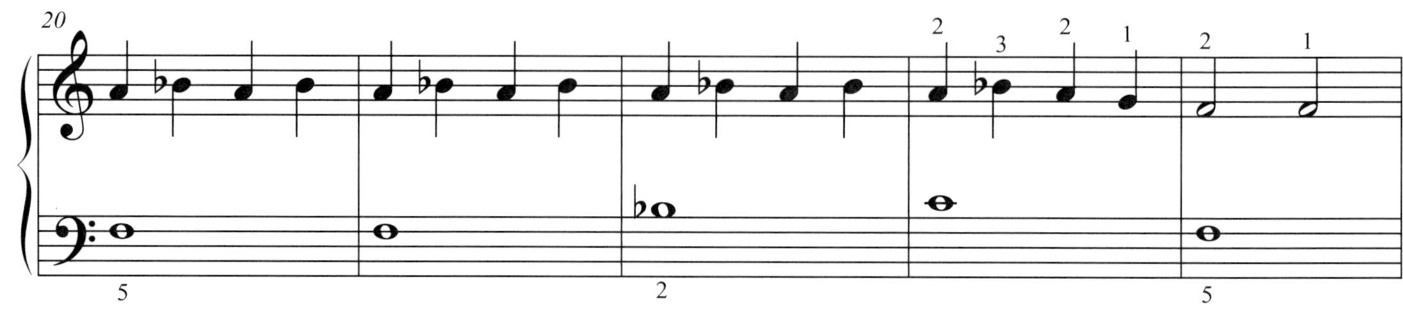

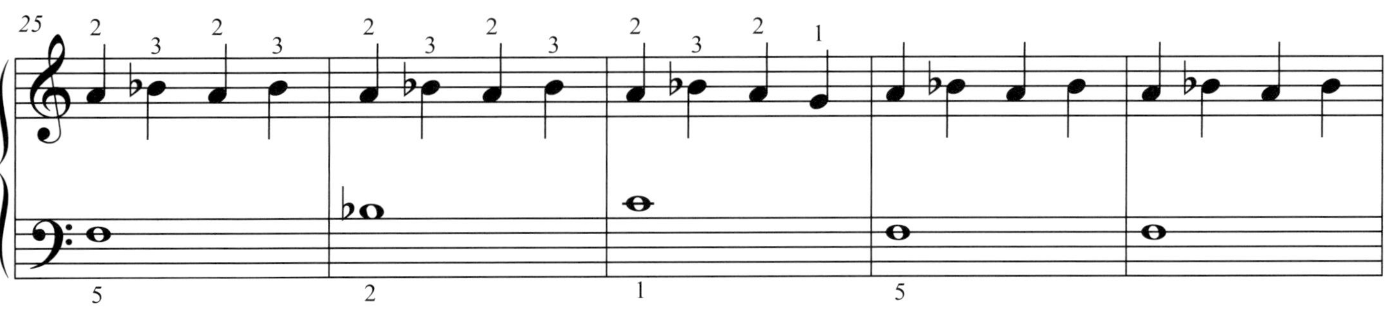
25

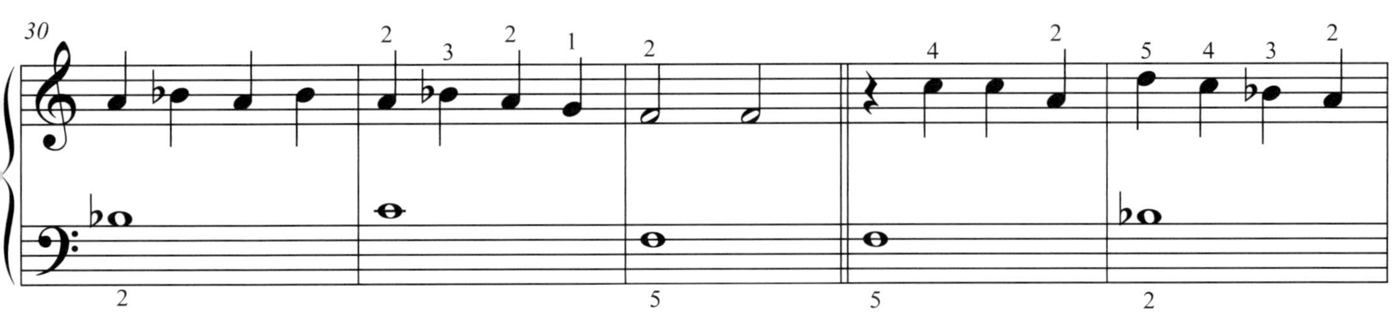
30

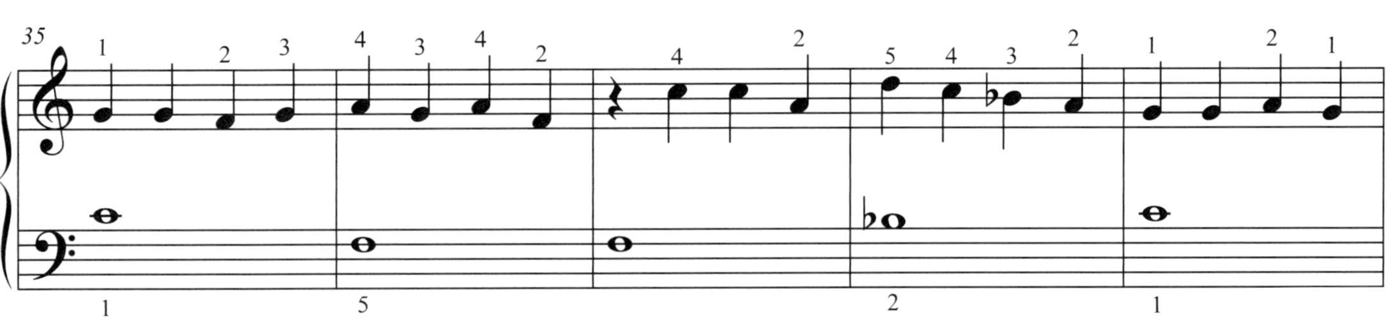
35

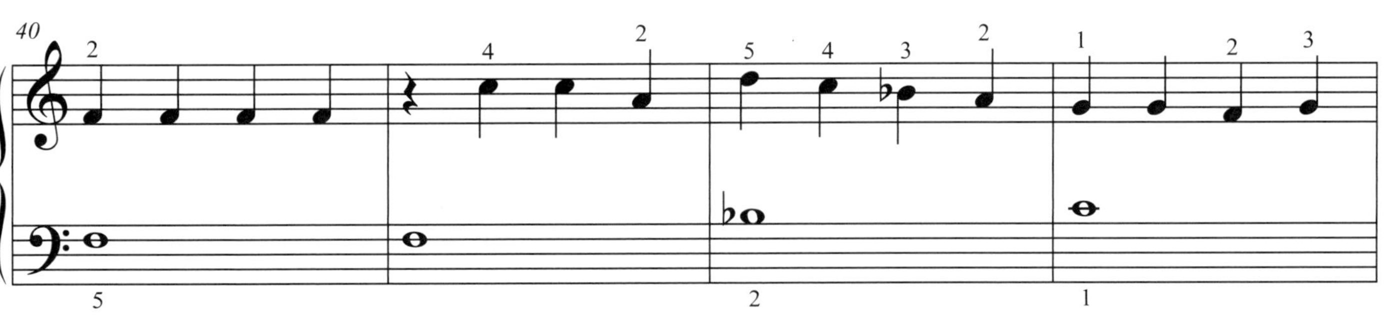
40

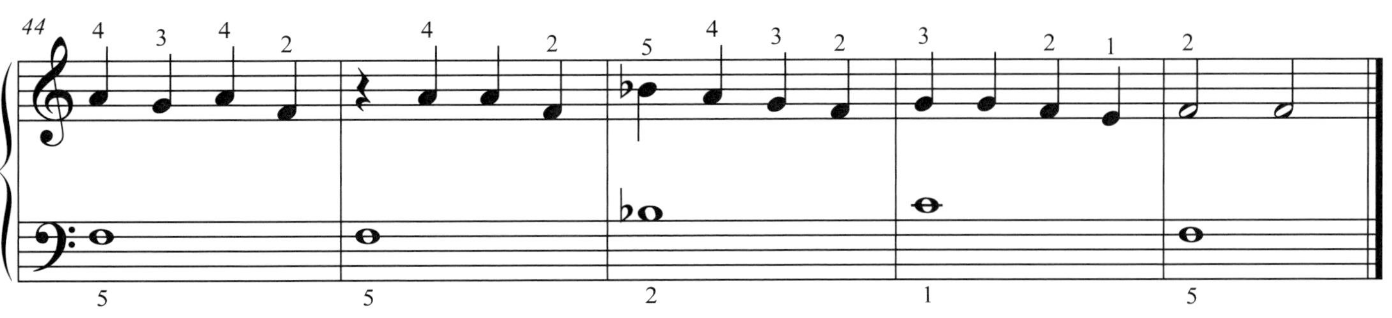
44

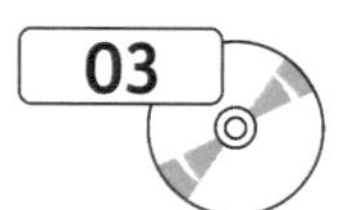

Under The Big Top

Im Zirkuszelt

Tatjana Davidoff

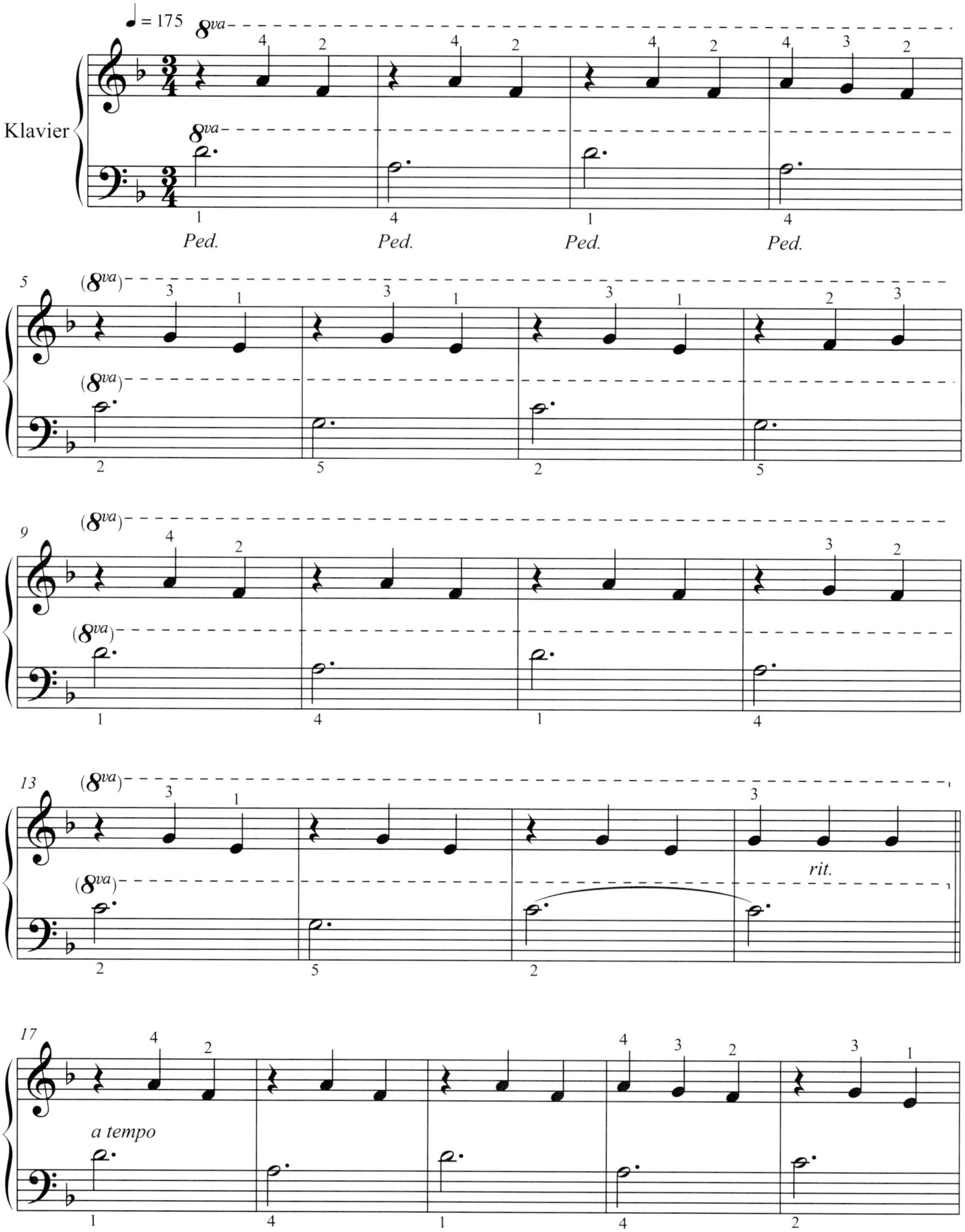

♩ = 175

Klavier

8va

Ped. Ped. Ped. Ped.

rit.

a tempo

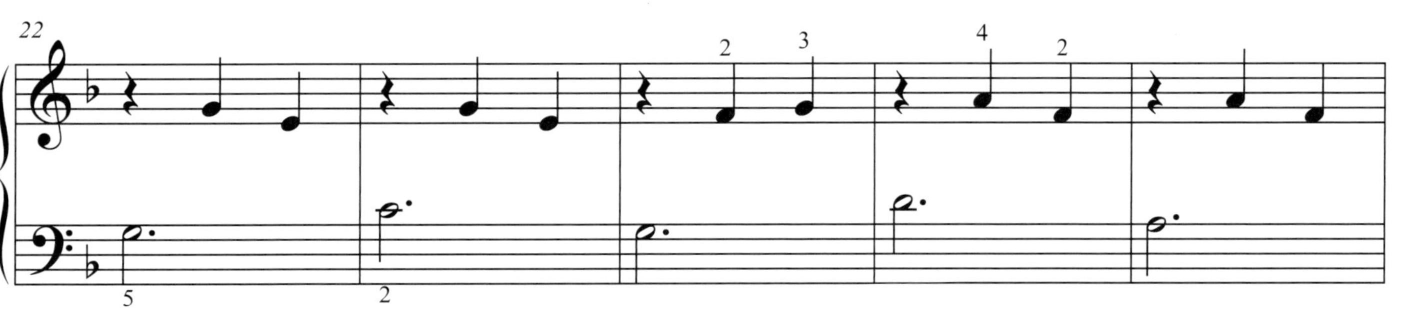

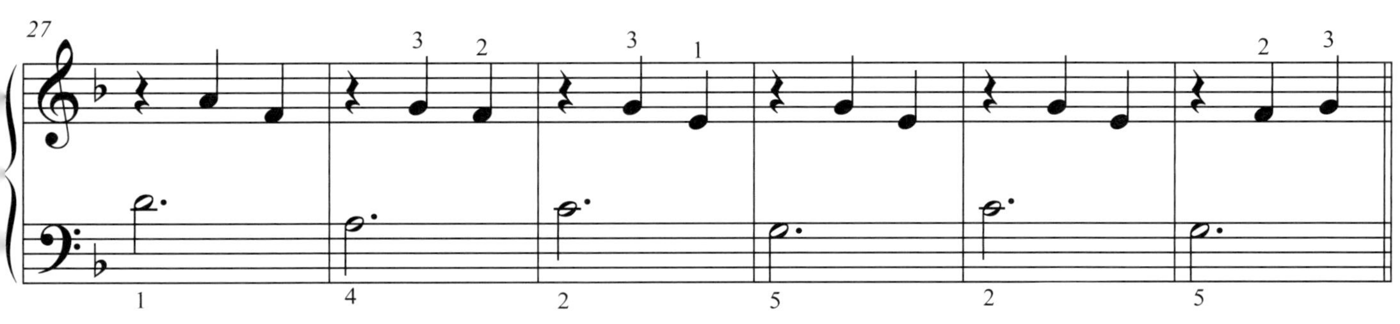

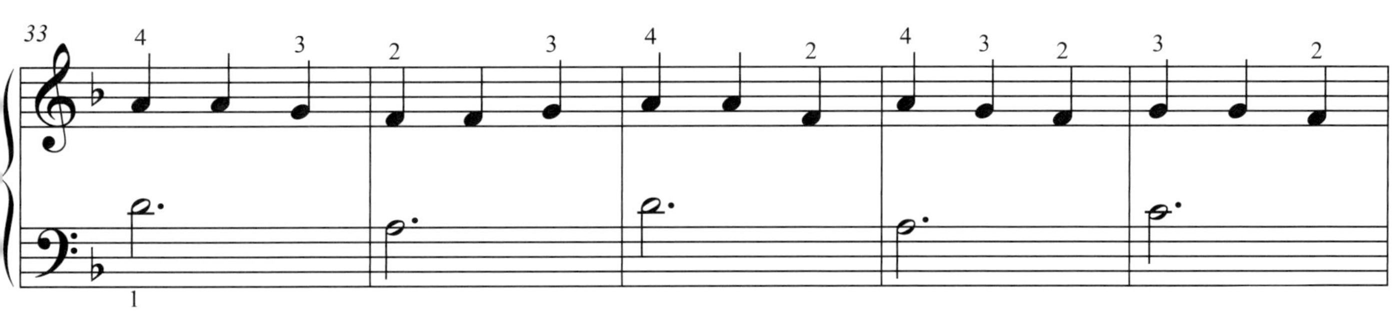

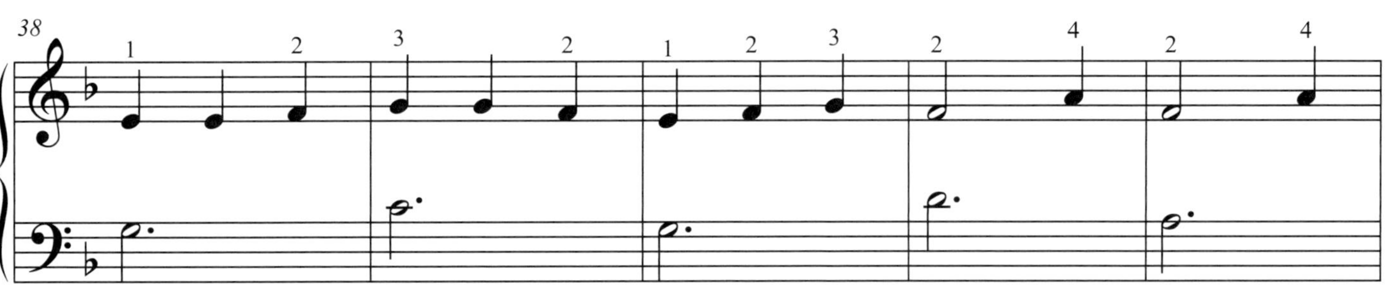

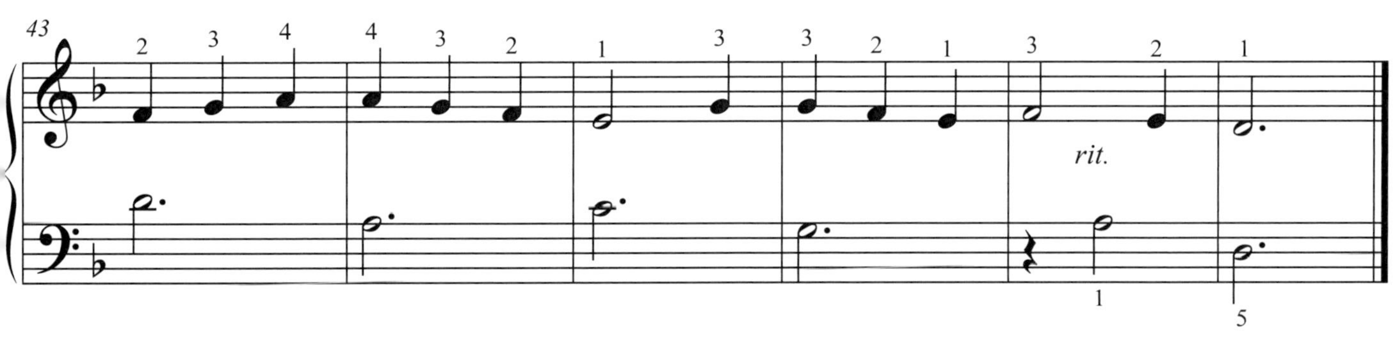
rit.

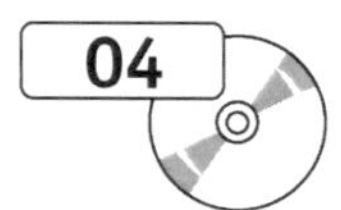

Slow Motion

Zeitlupentempo

Tatjana Davidoff

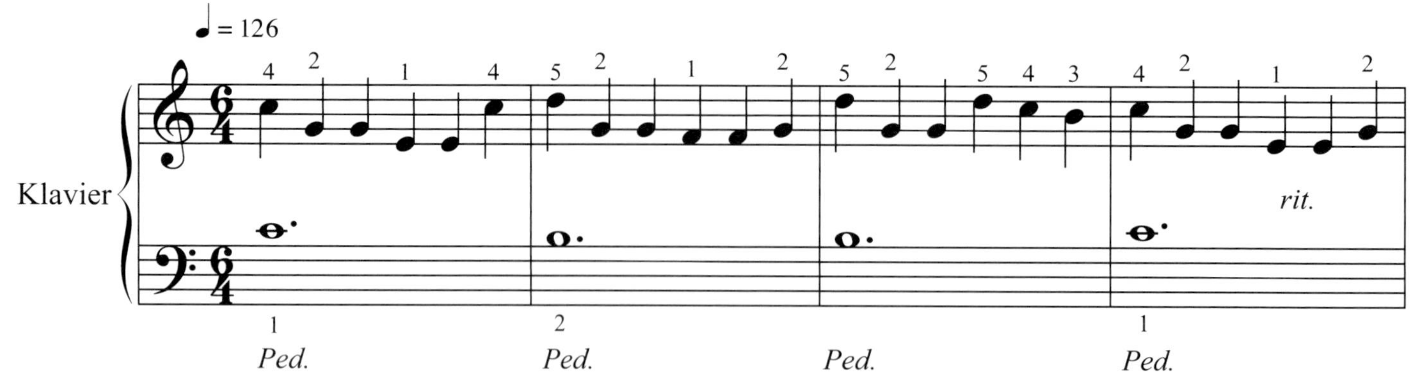

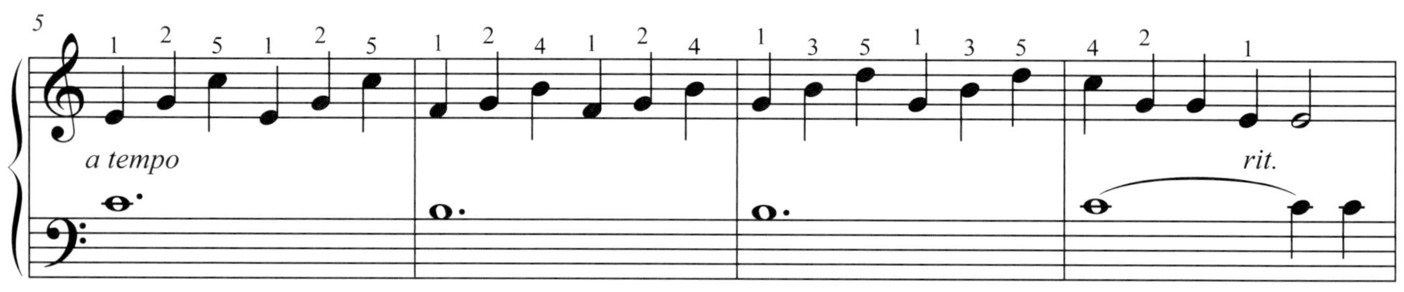

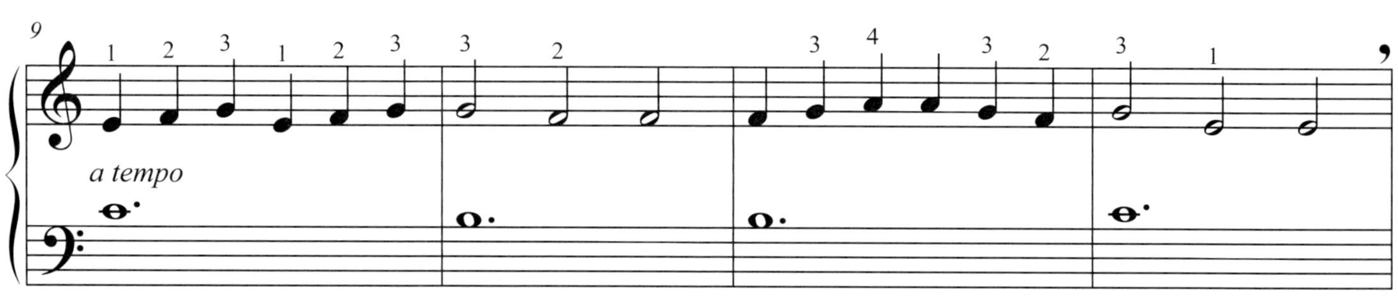

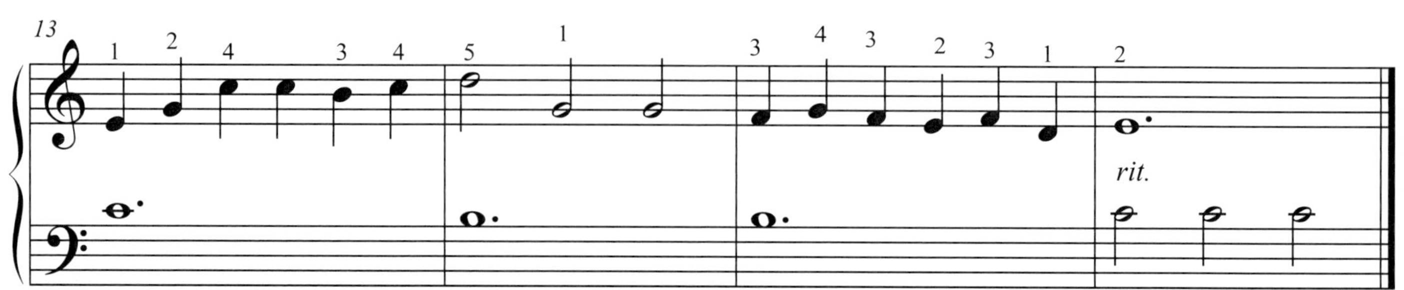

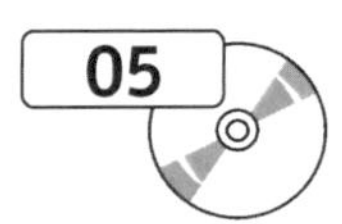

Barrow Street

Barrow Street

Tatjana Davidoff

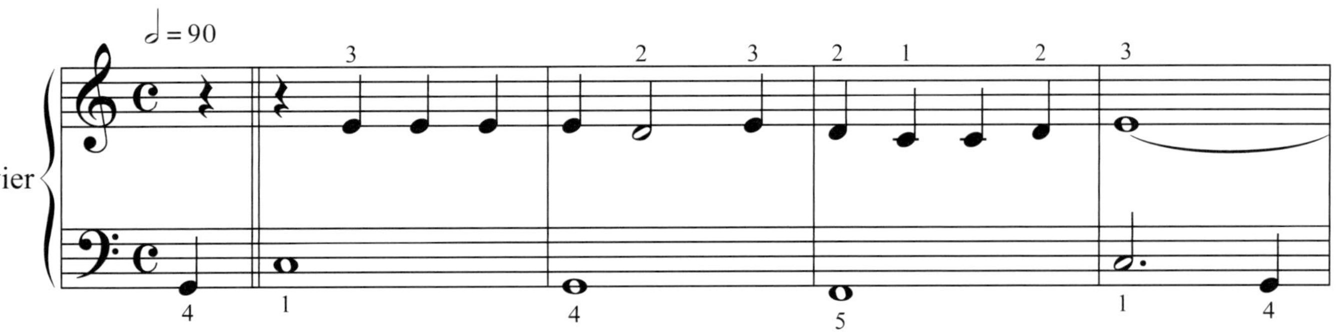

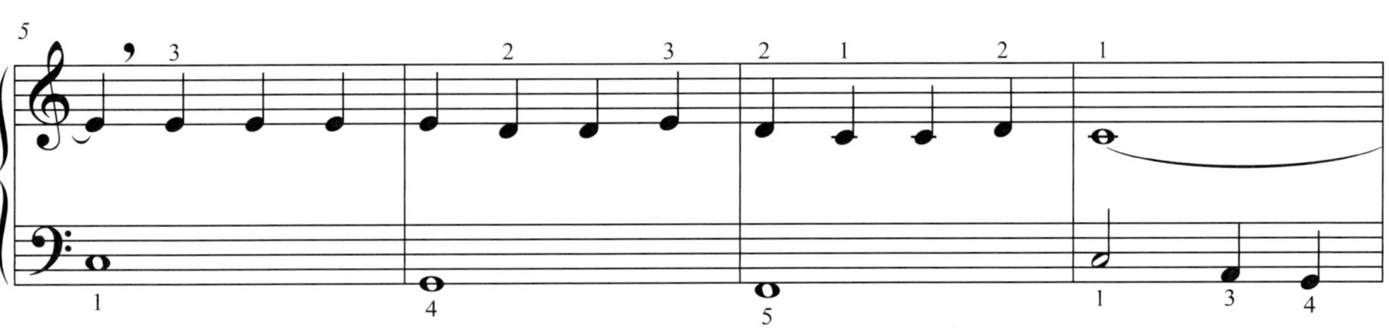

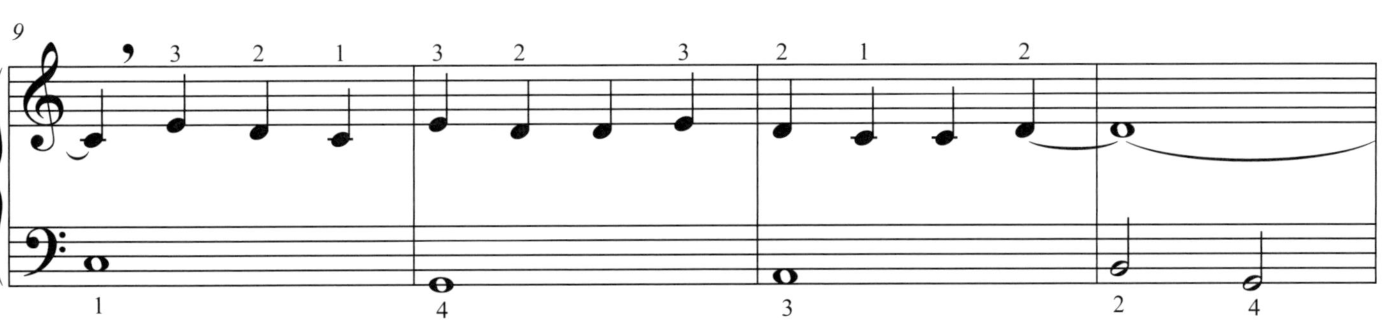

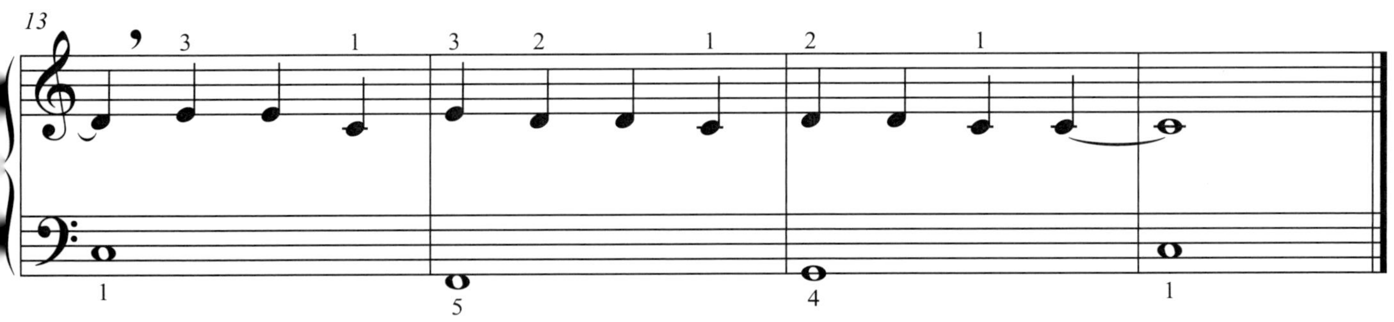

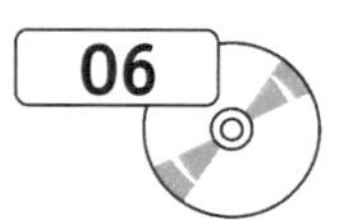

Sometime

Irgendwann

Tatjana Davidoff

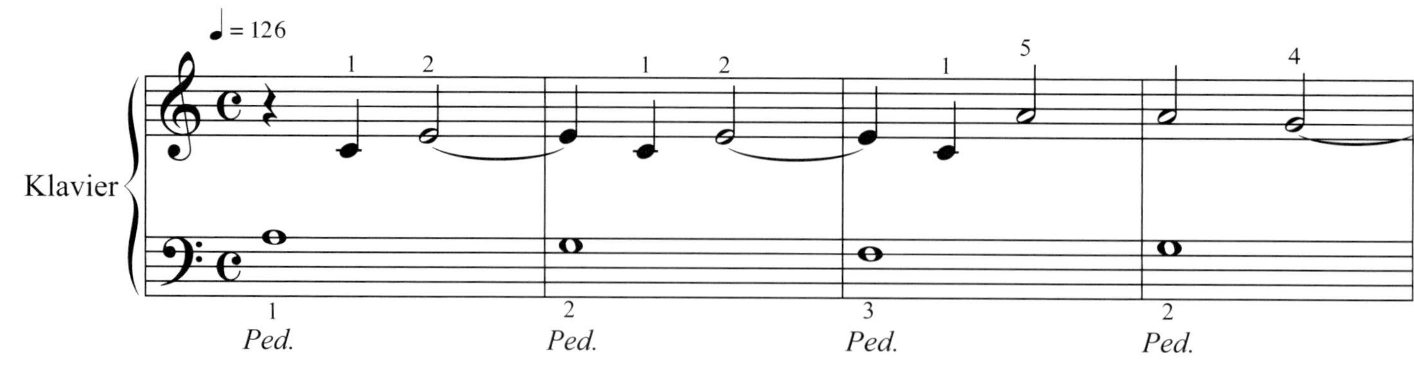

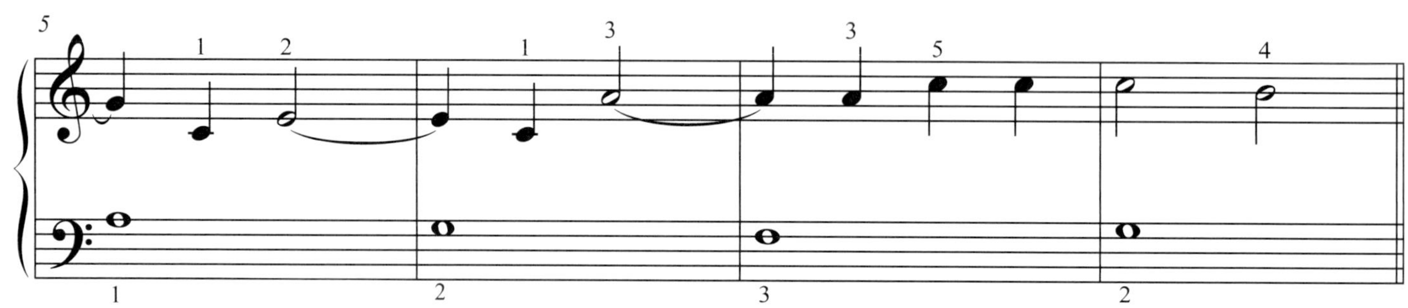

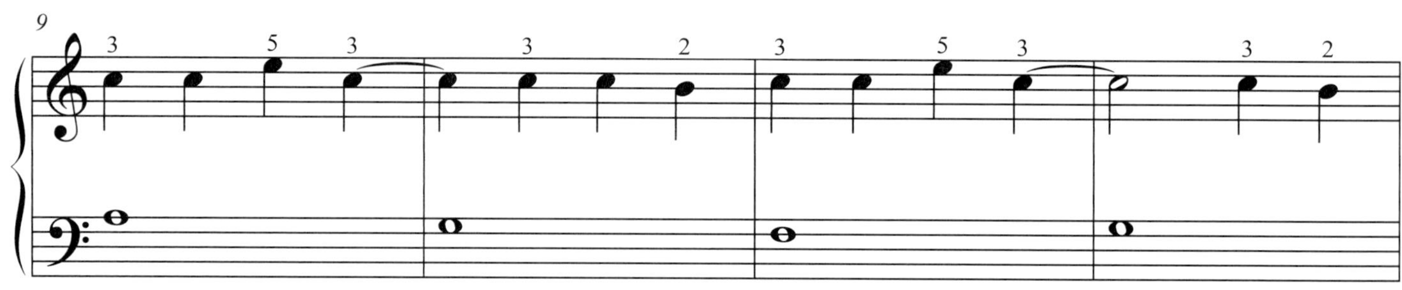

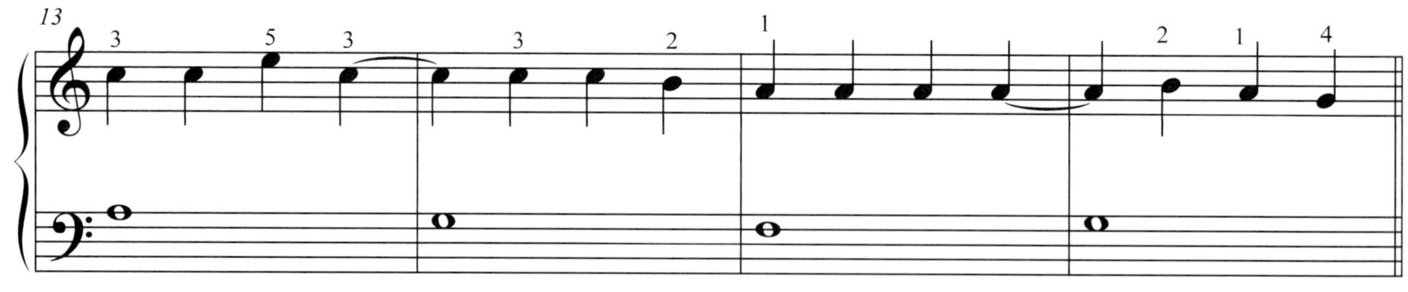

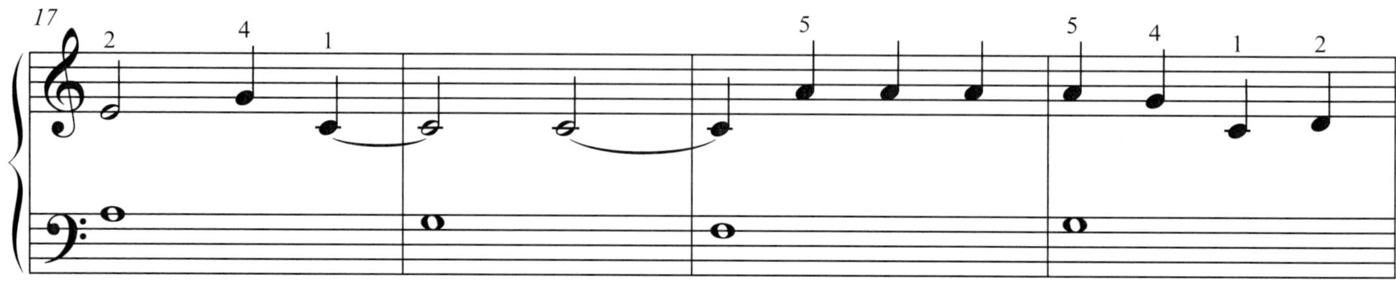

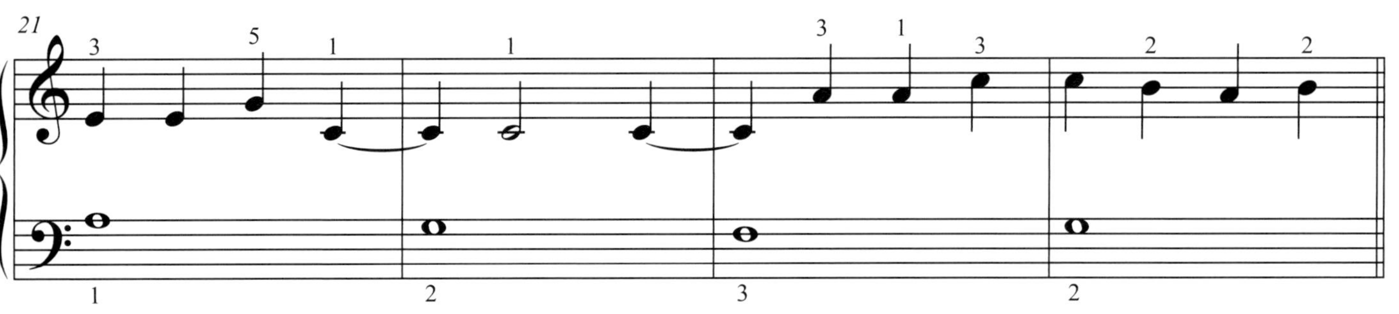
21

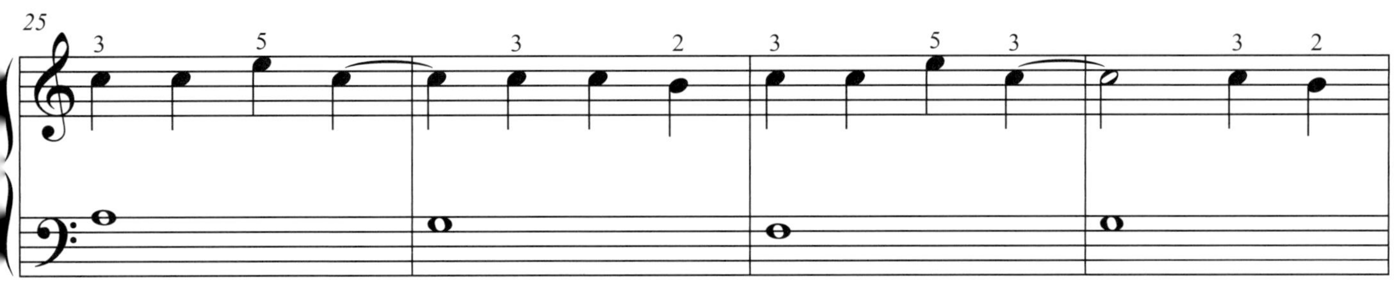
25

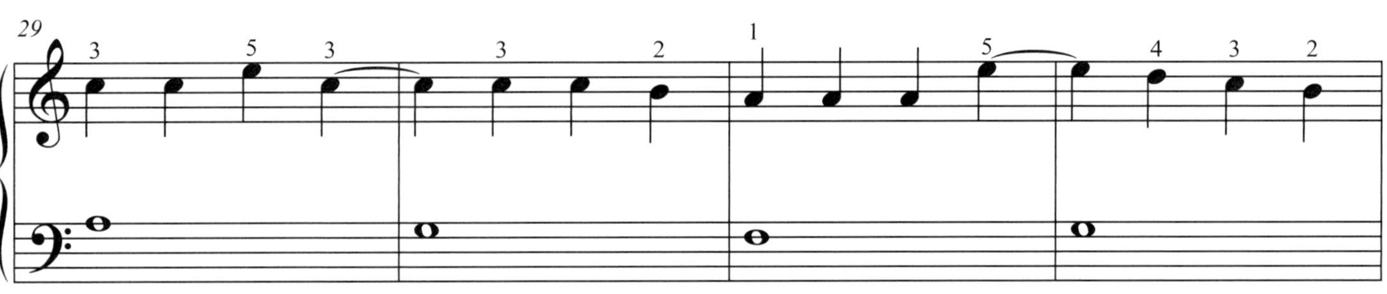
29

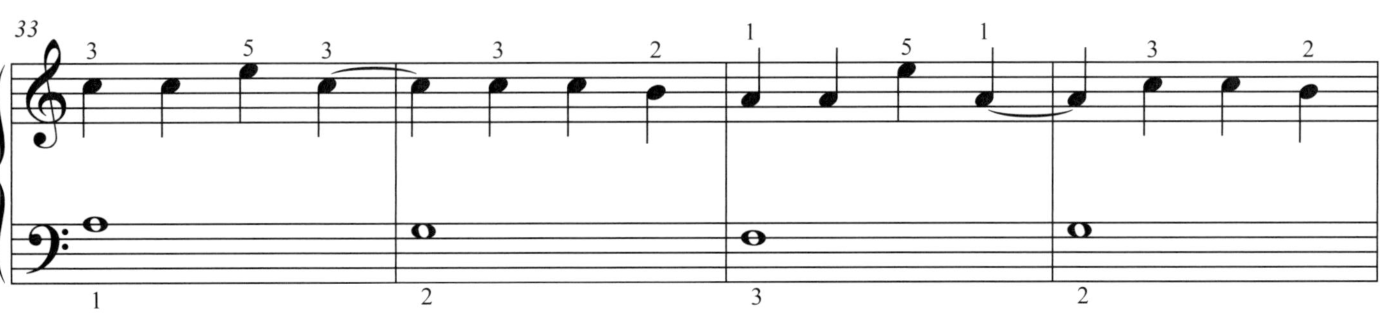
33

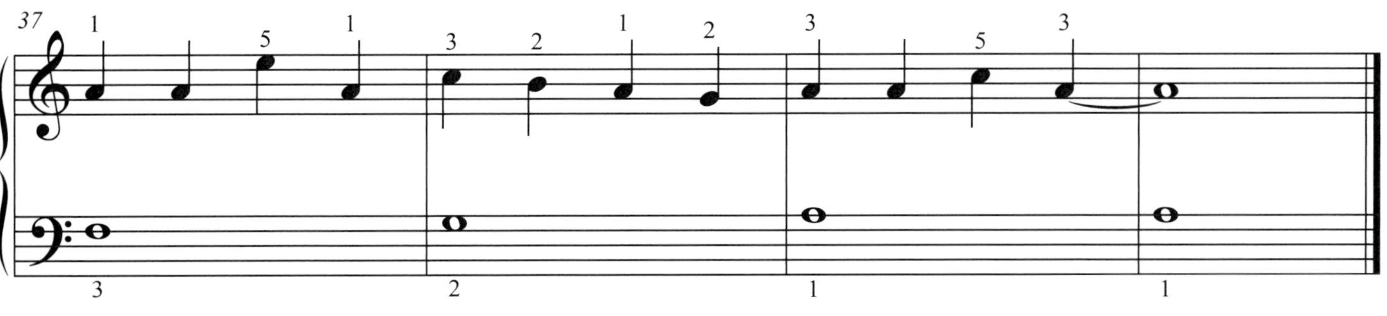
37

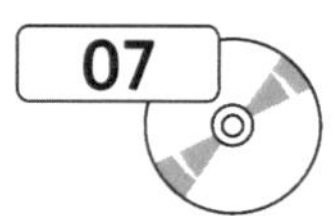

Somewhere

Irgendwo

Tatjana Davidoff

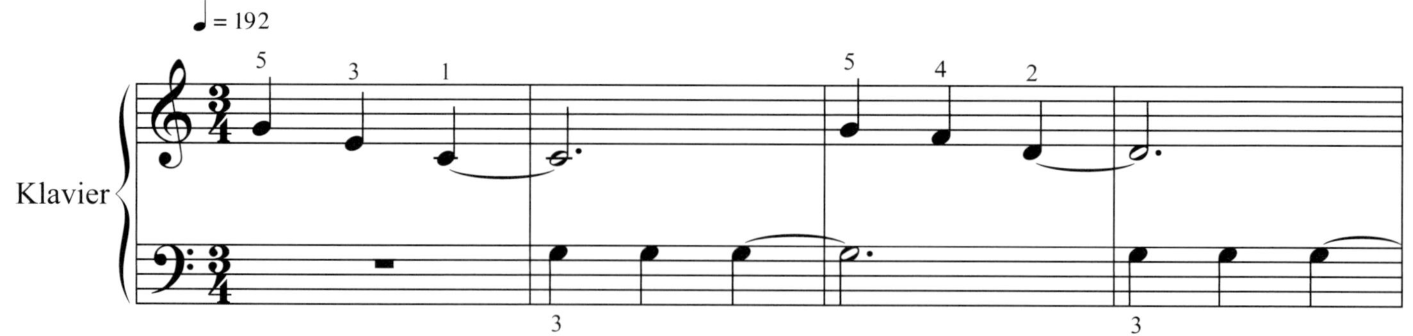

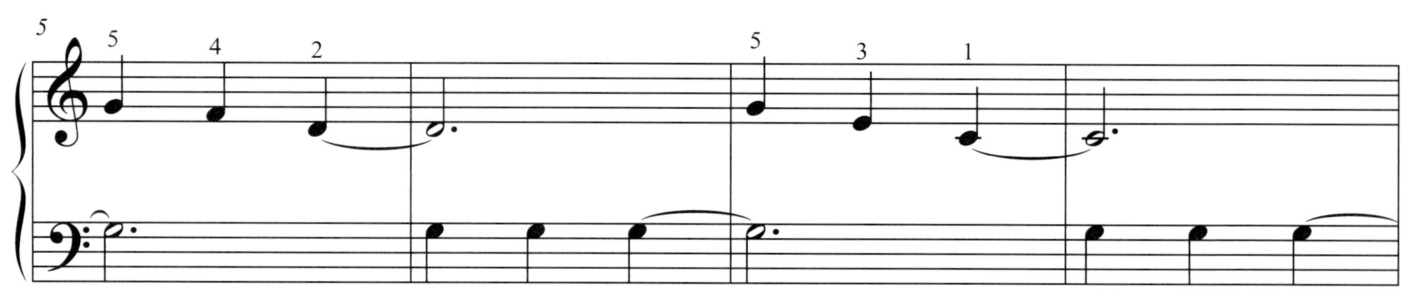

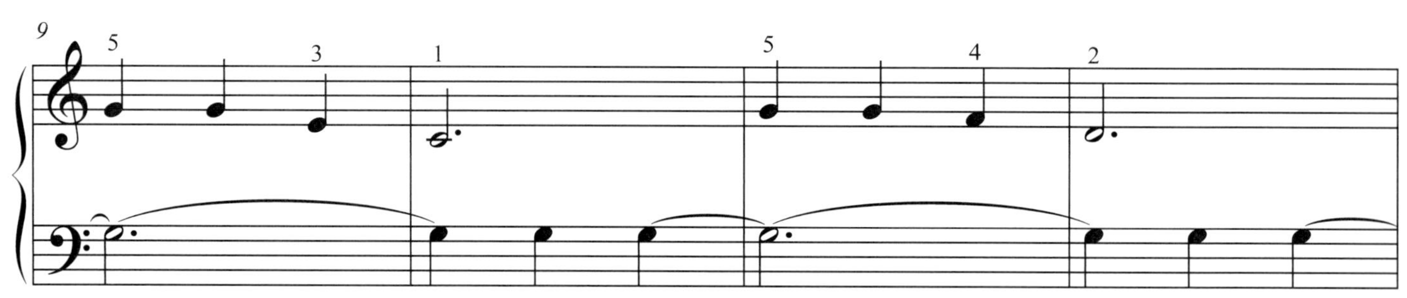

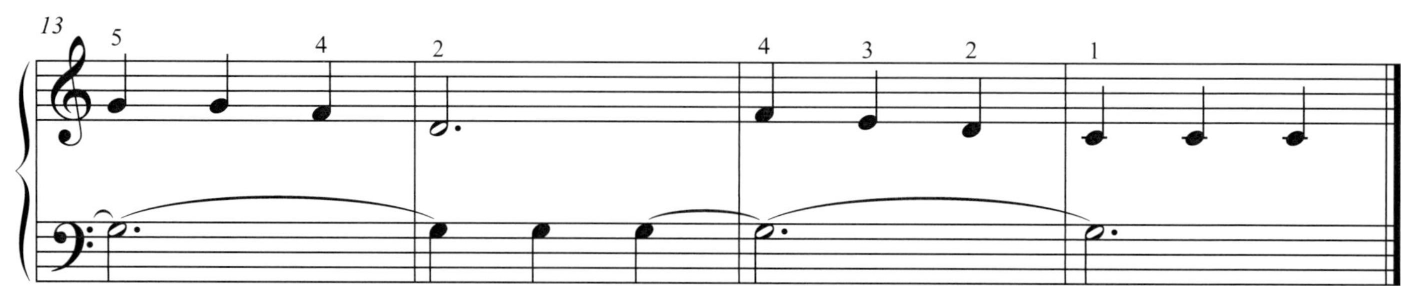

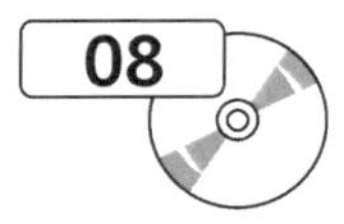

Good Mood

Gute Laune

Tatjana Davidoff

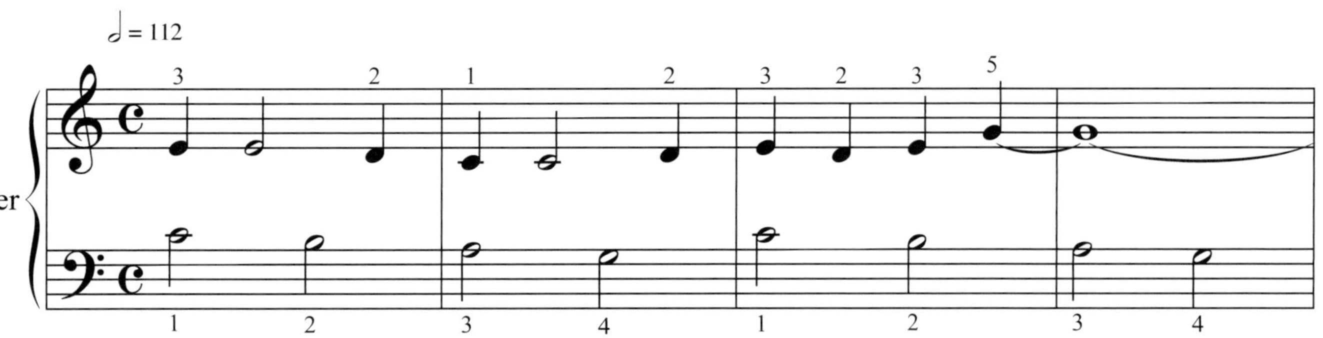

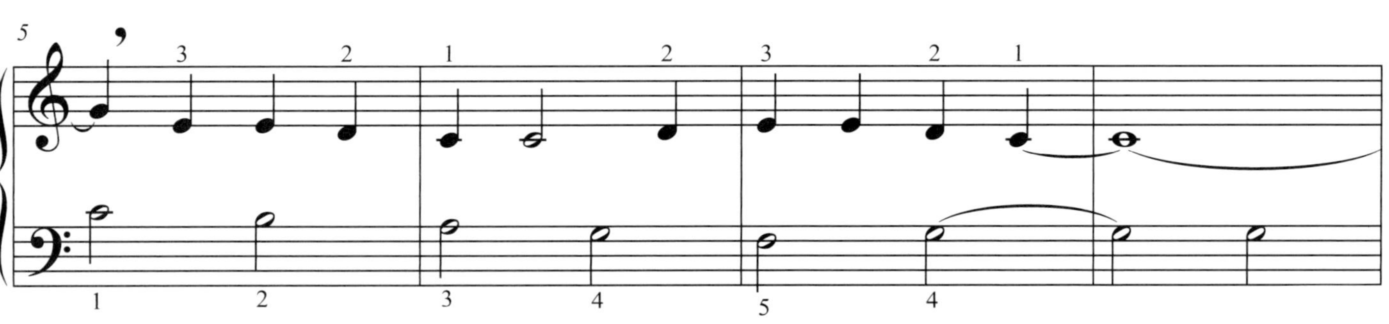

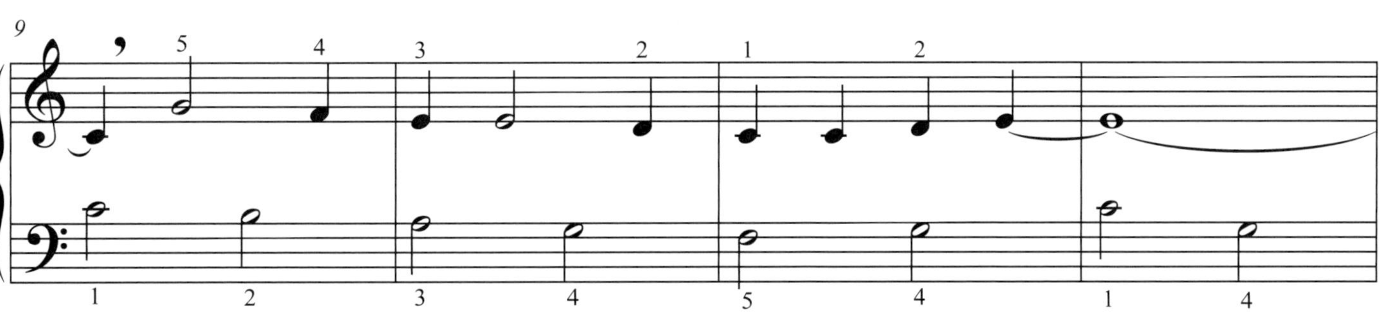

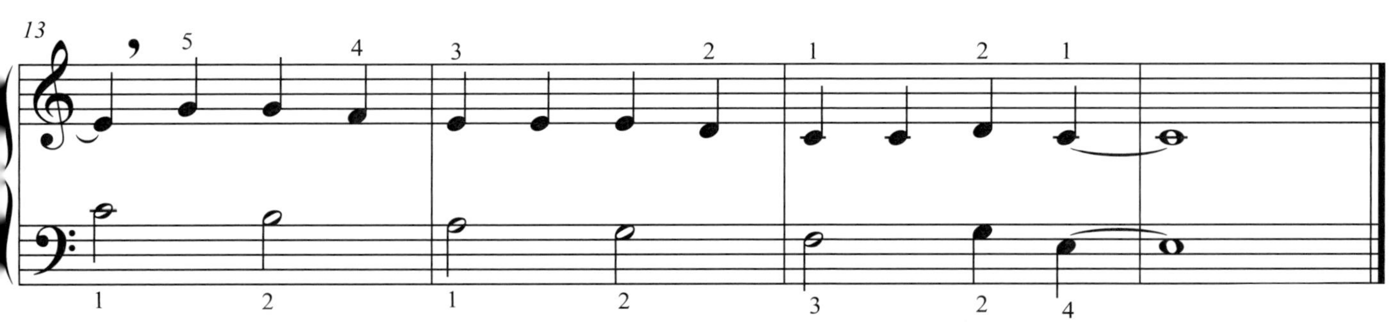

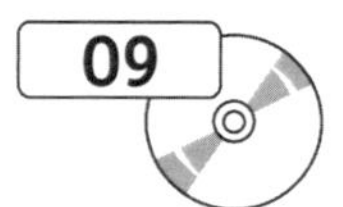

Swimming In Cold Water

In kaltem Wasser schwimmen

Tatjana Davidoff

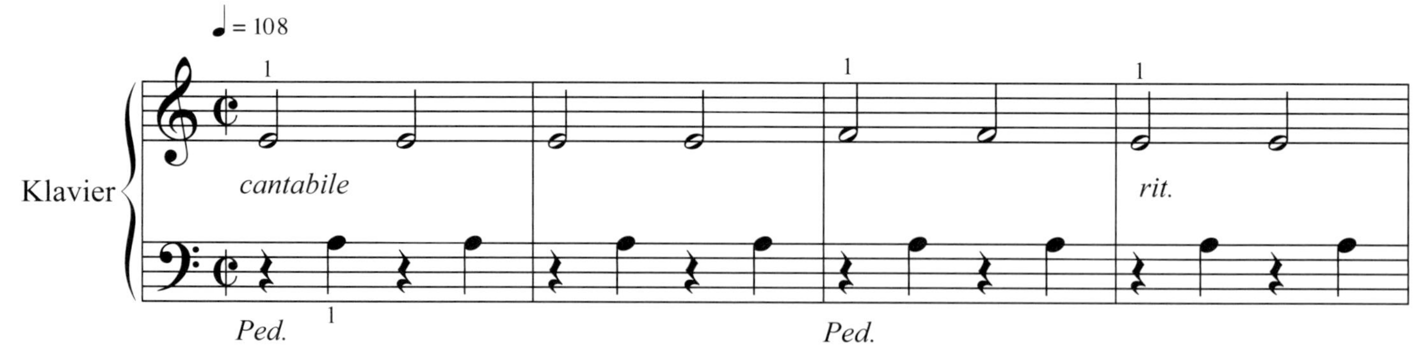

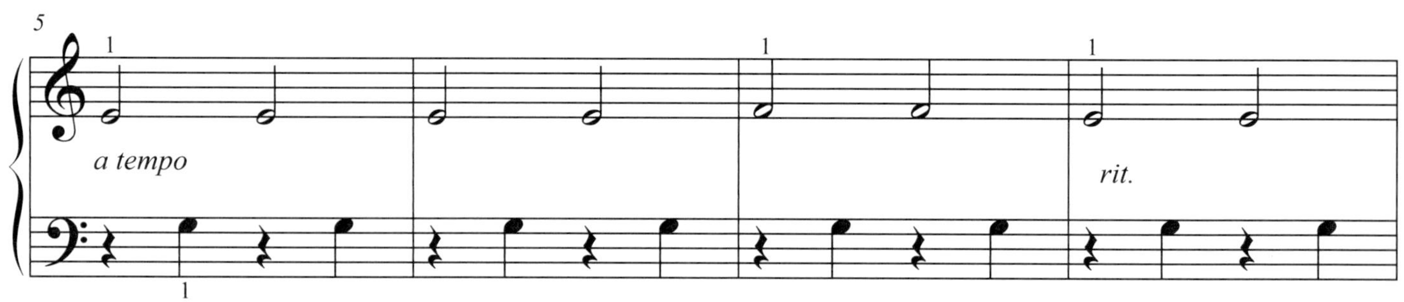

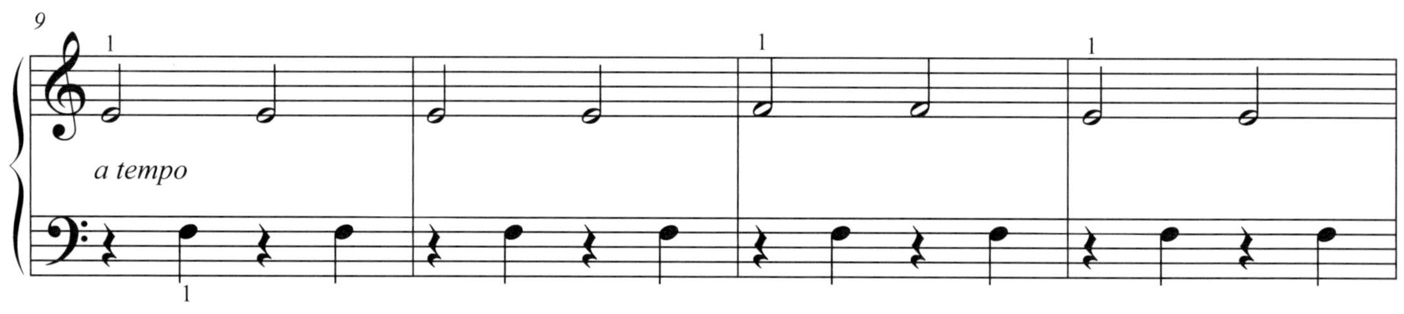

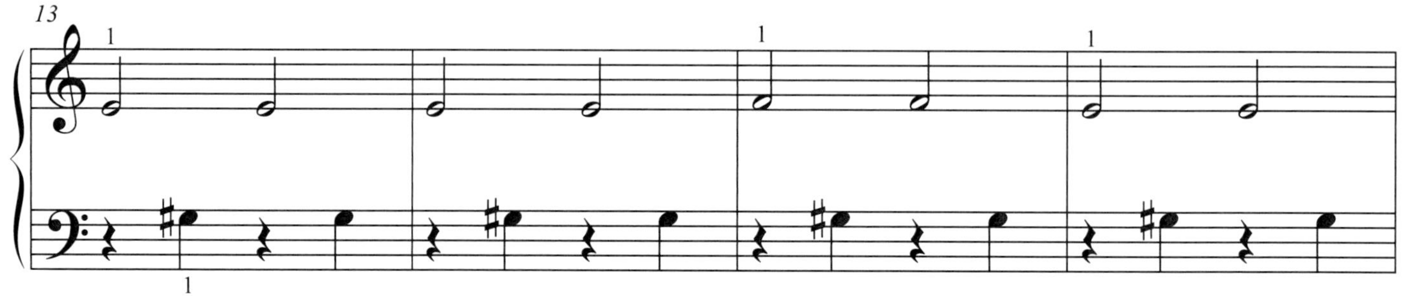

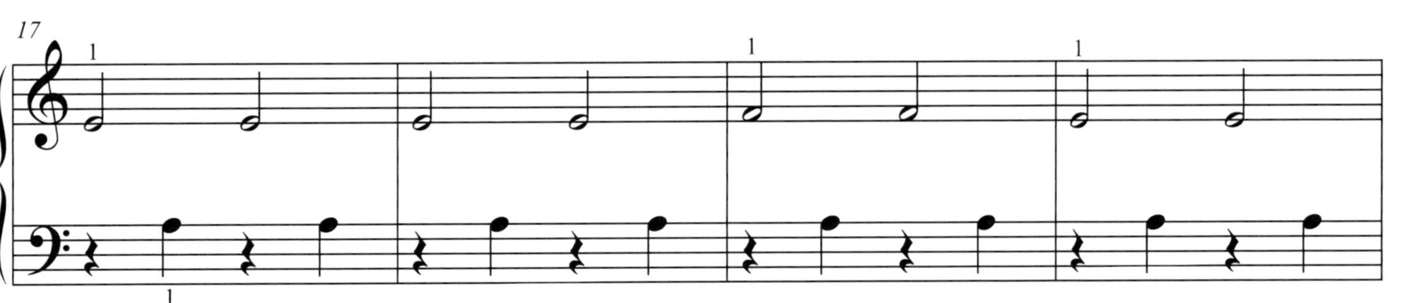

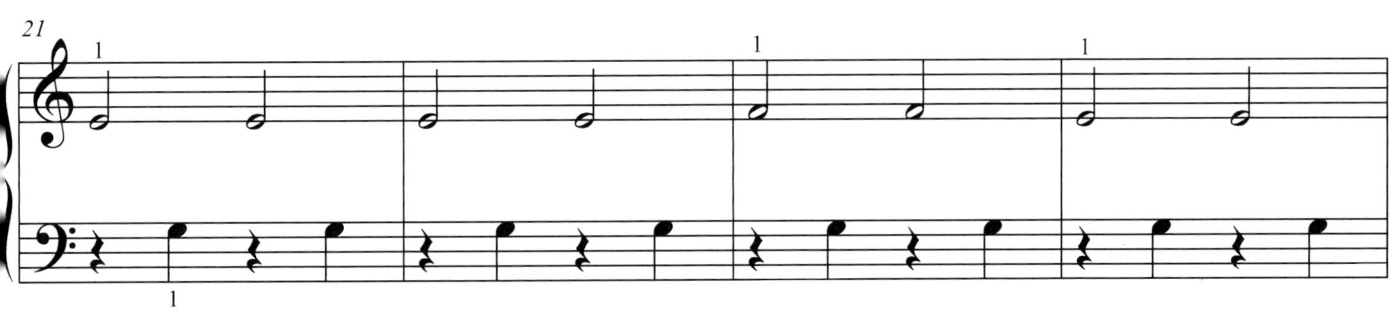

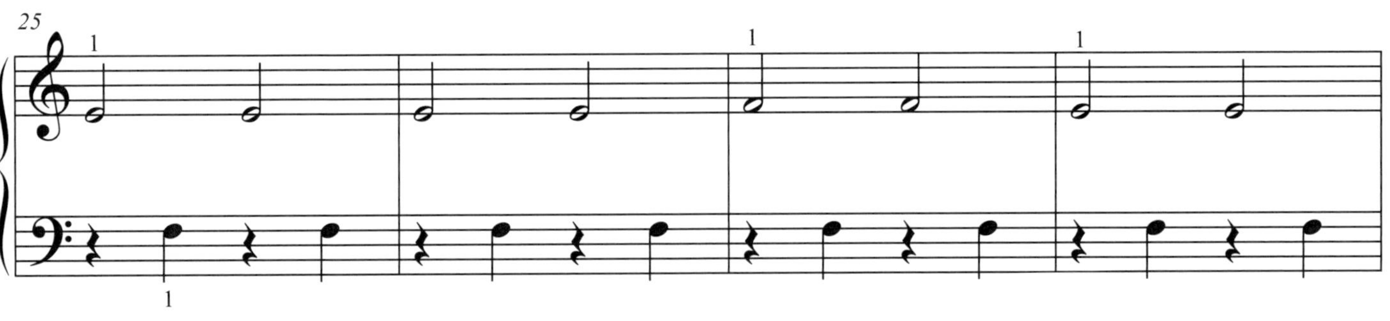

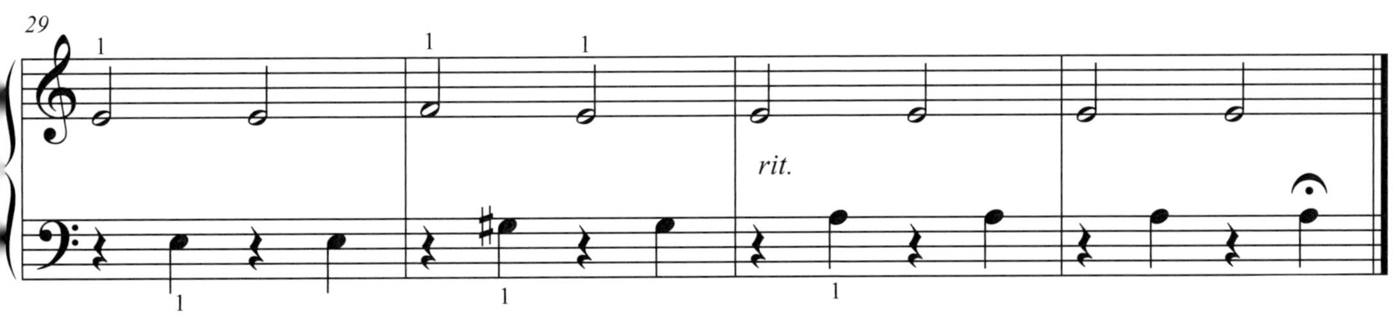
rit.

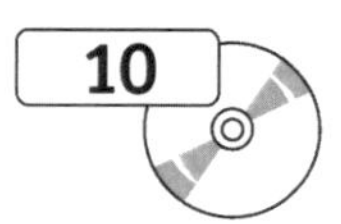

Step By Step

Schritt für Schritt

Tatjana Davidoff

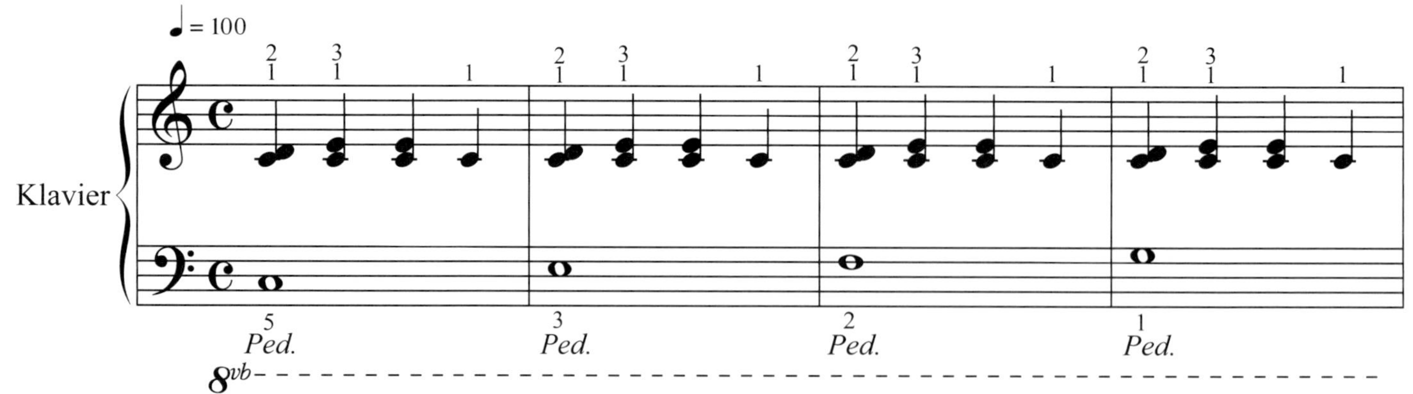

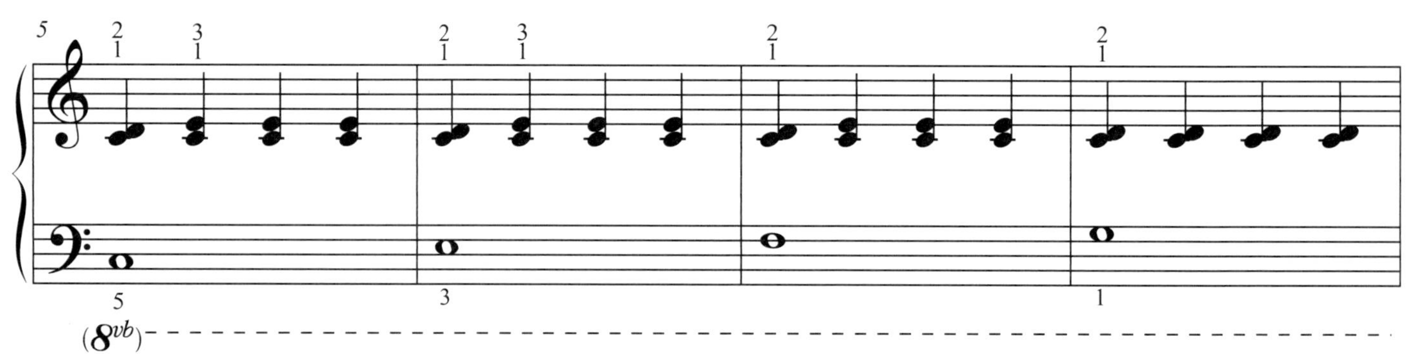

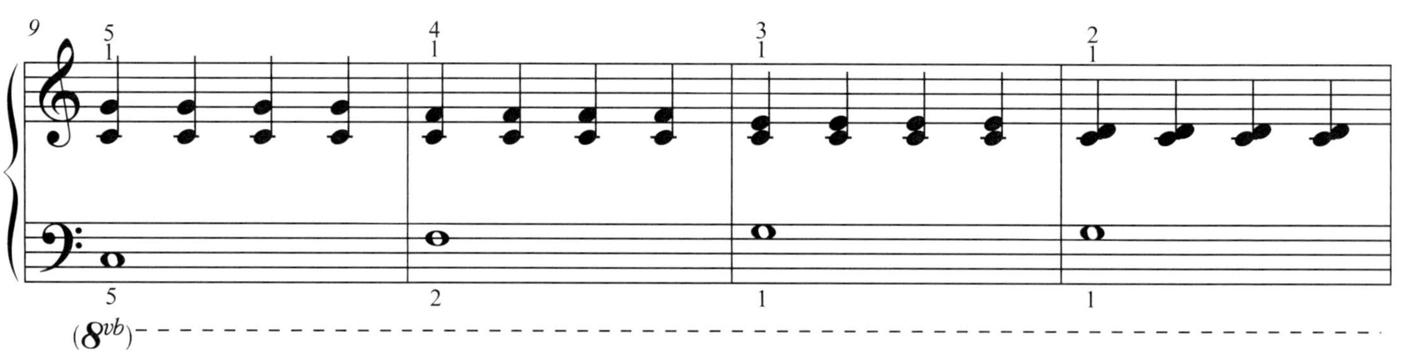

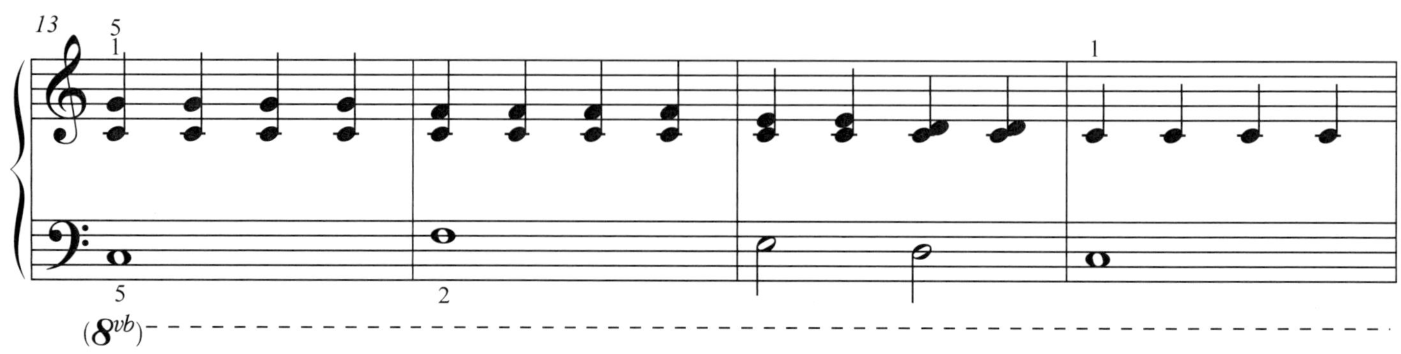

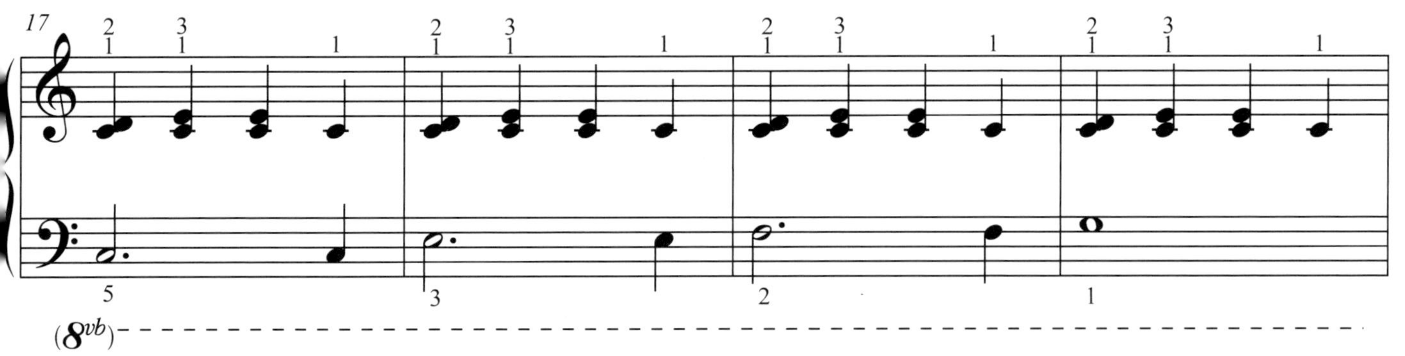
17
(8vb)

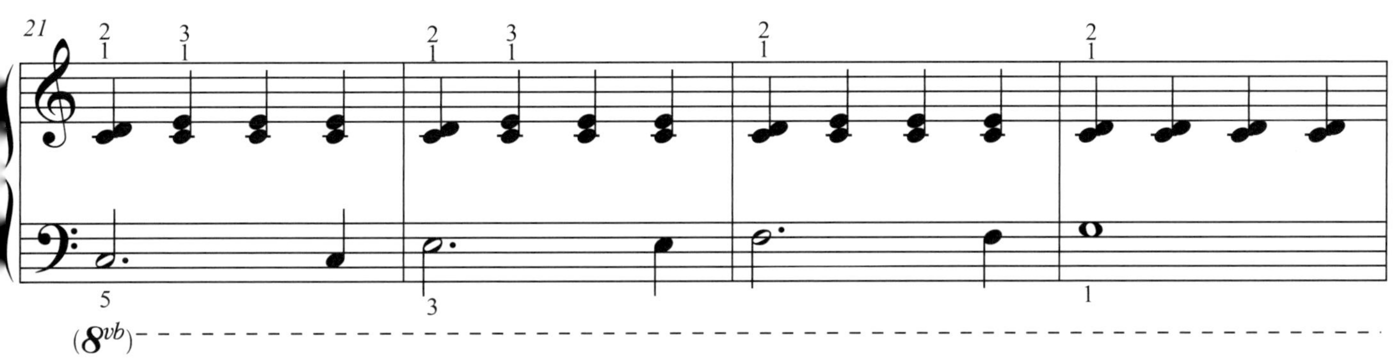
21
(8vb)

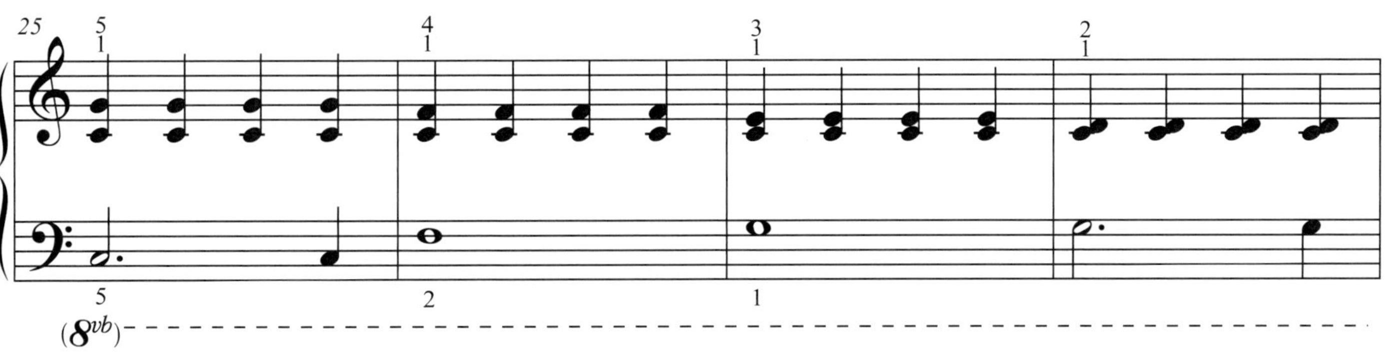
25
(8vb)

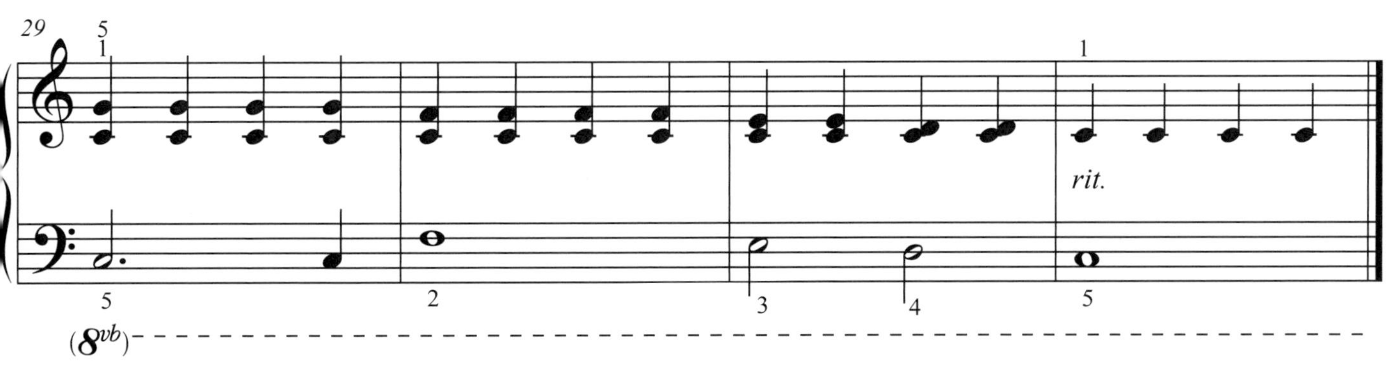
29
rit.
(8vb)

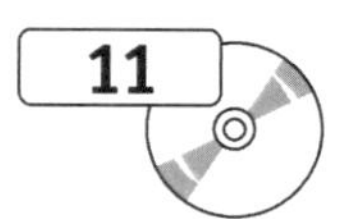

123 Go!

123 los!

Tatjana Davidoff

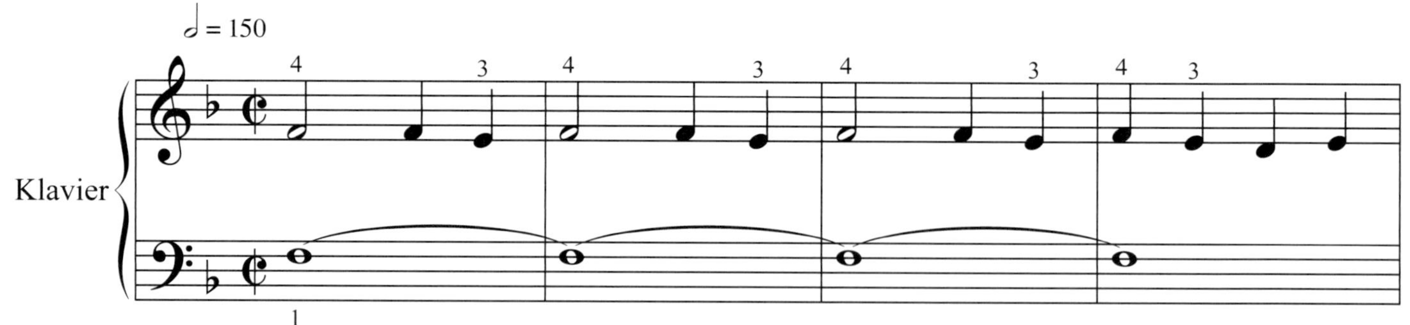

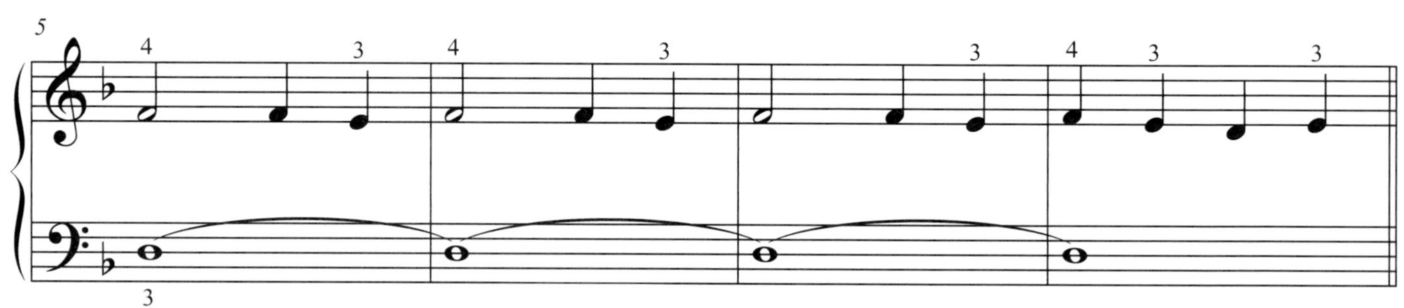

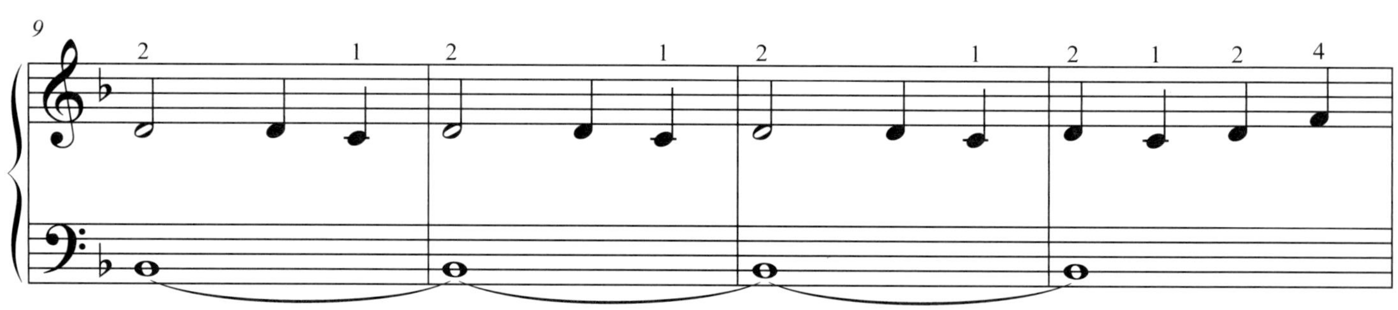

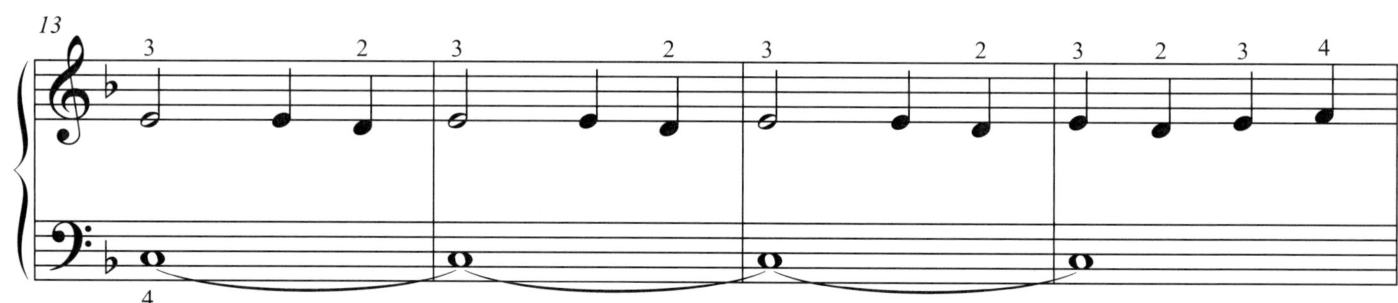

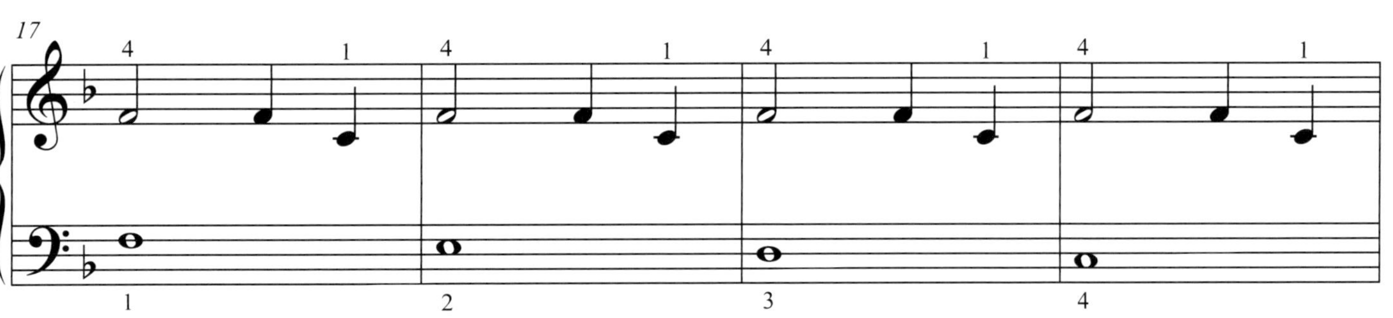
17
4
1
4
1
4
1
4
1
1
2
3
4
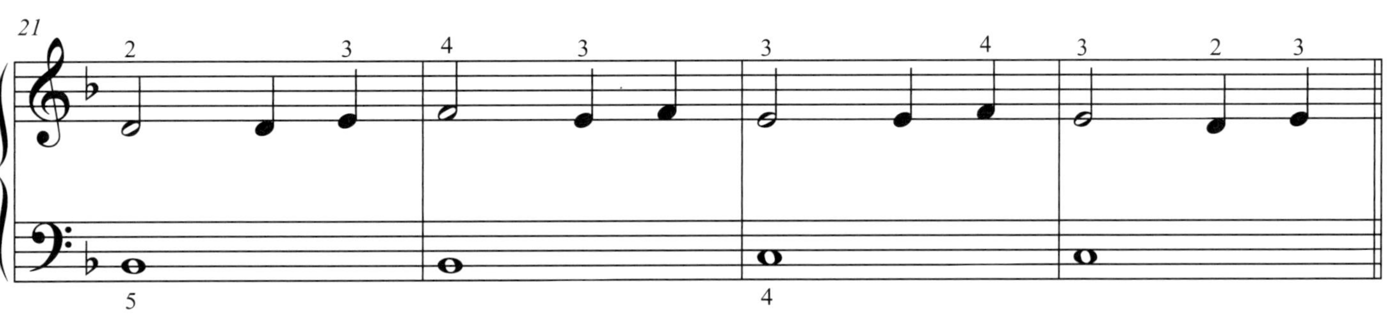
21
2
3
4
3
3
4
3
2
3
5
4
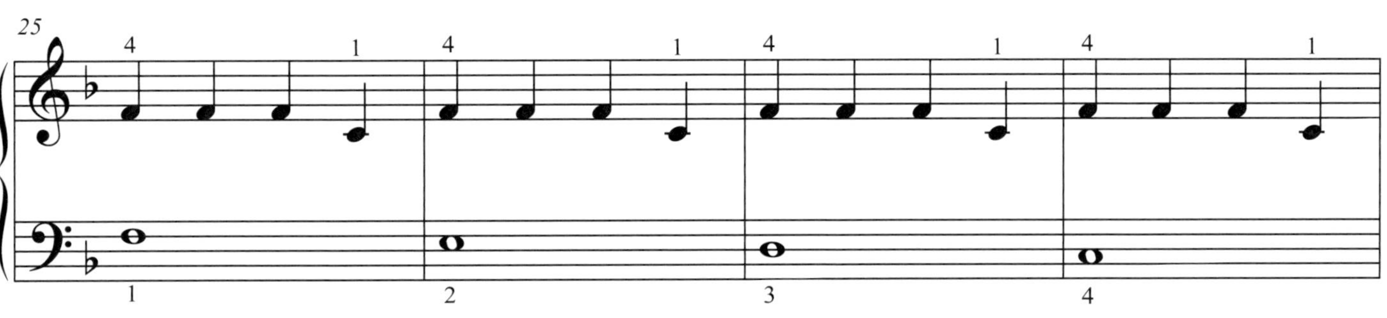
25
4
1
4
1
4
1
4
1
1
2
3
4
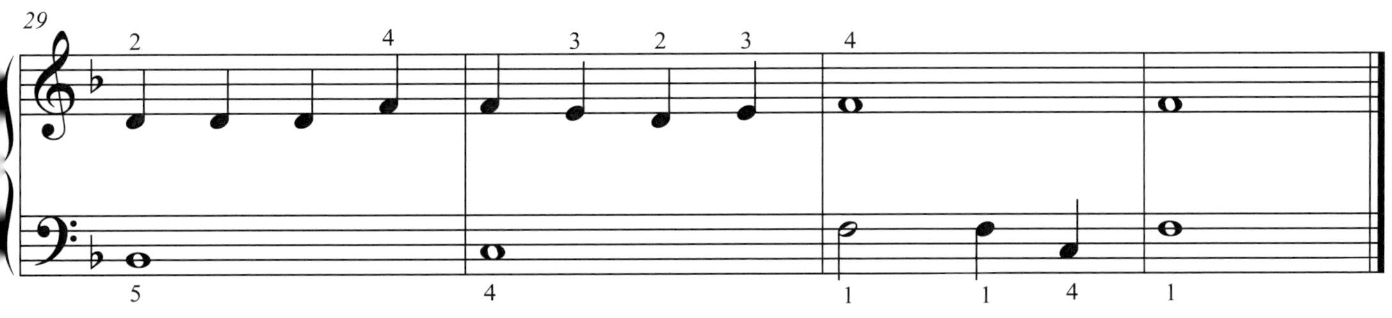
29
2
4
3
2
3
4
5
4
1
1
4
1

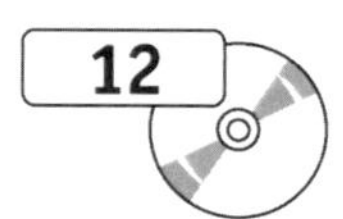

I Was Here

Ich war hier

Tatjana Davidoff

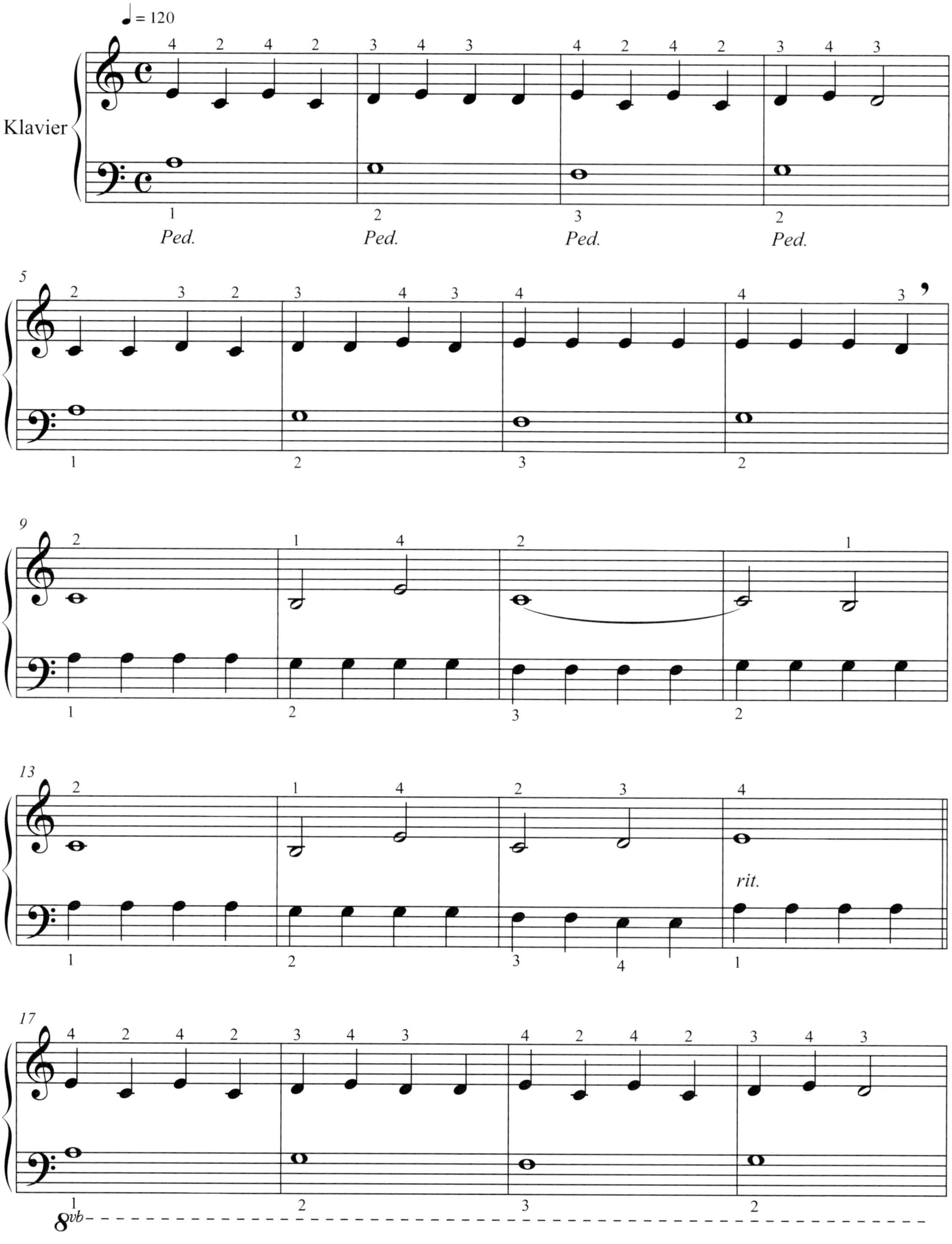

♩ = 120

Klavier

Ped. Ped. Ped. Ped.

rit.

8vb

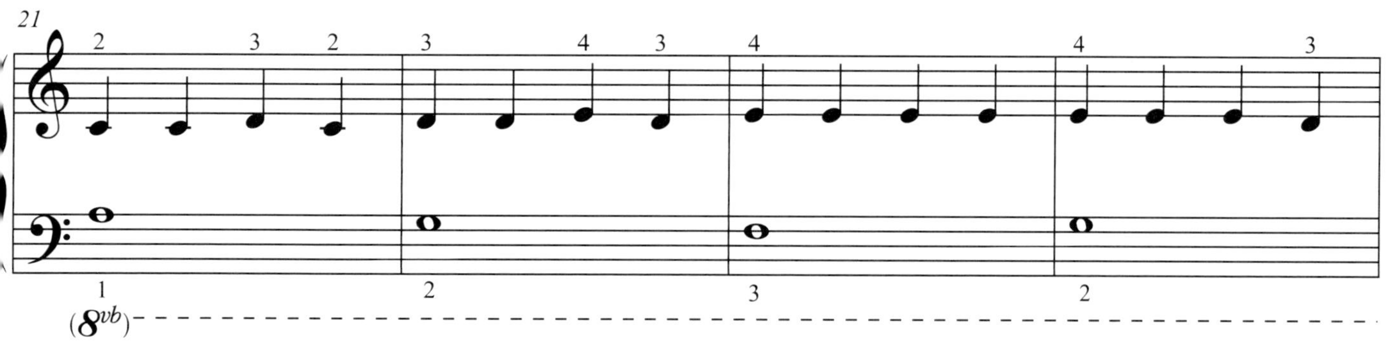
21
2 3 2 3 4 3 4 4 3
1 2 3 2
(8vb)

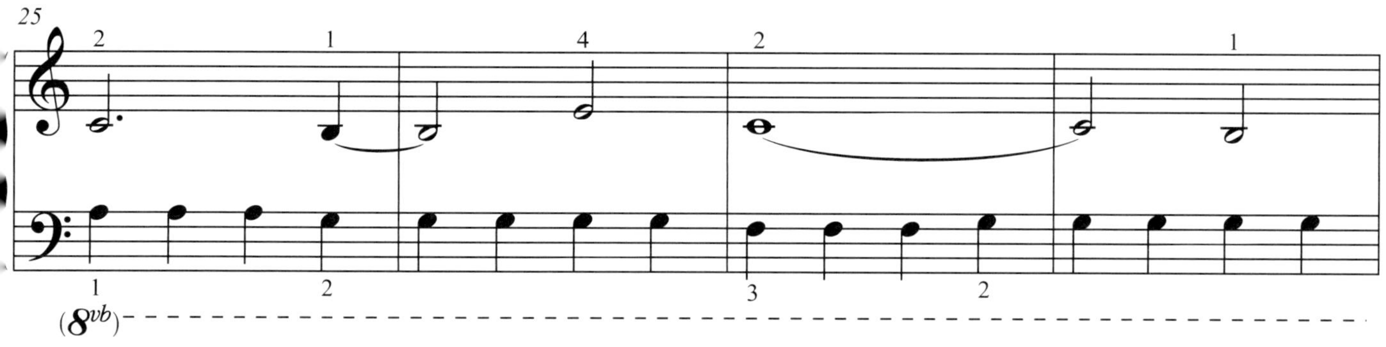
25
2 1 4 2 1
1 2 3 2
(8vb)

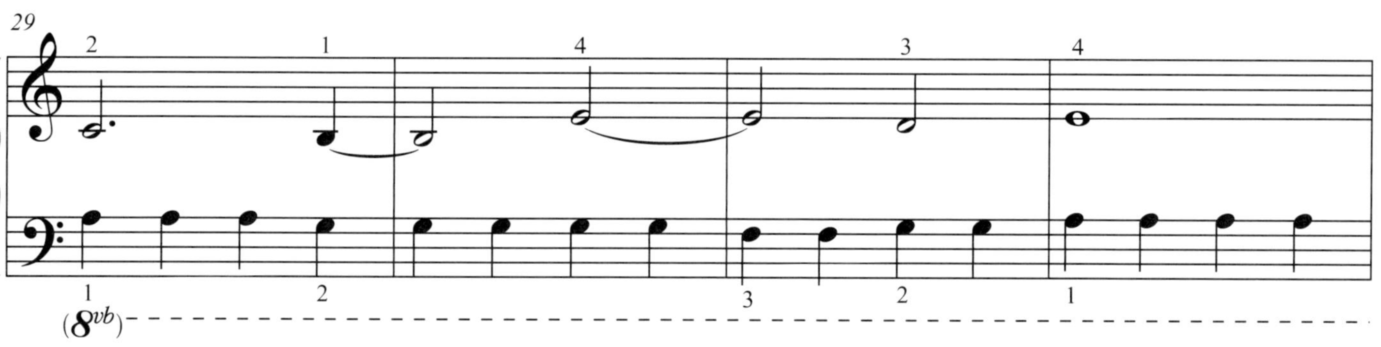
29
2 1 4 3 4
1 2 3 2 1
(8vb)

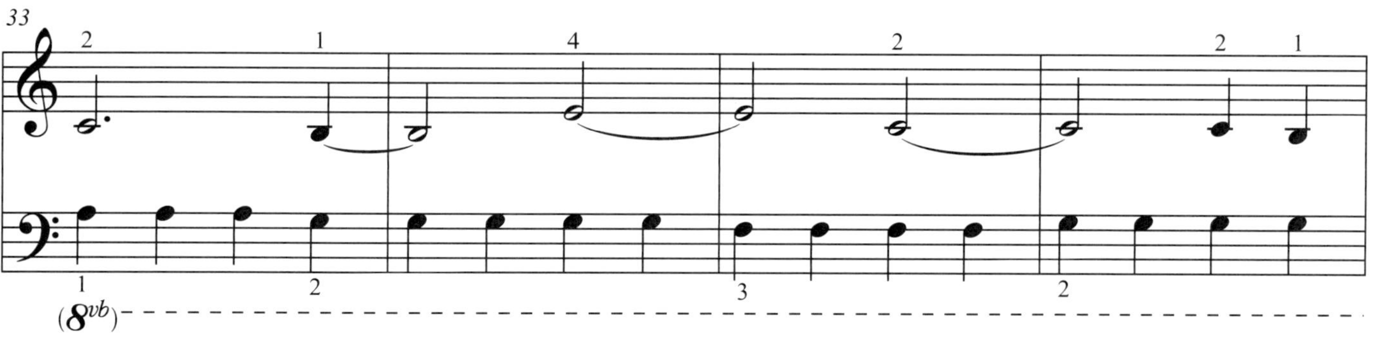
33
2 1 4 2 2 1
1 2 3 2
(8vb)

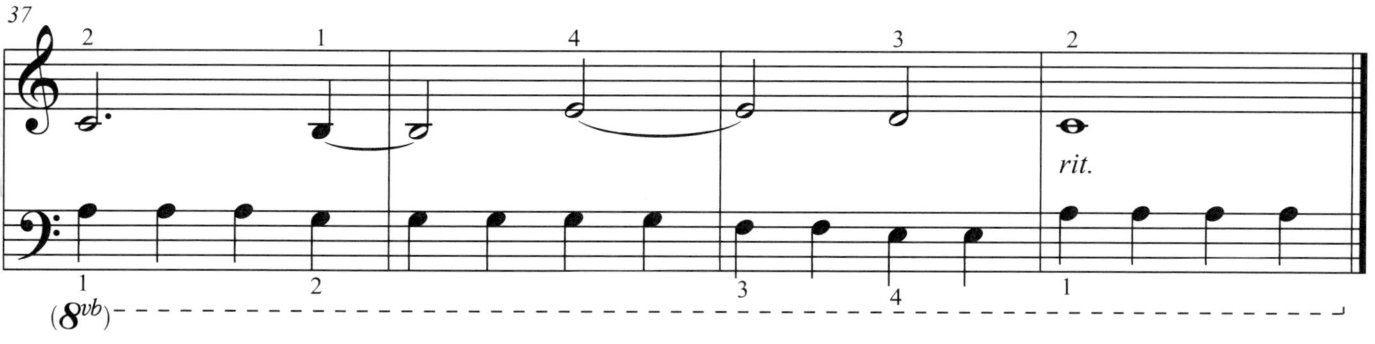
37
2 1 4 3 2
rit.
1 2 3 4 1
(8vb)

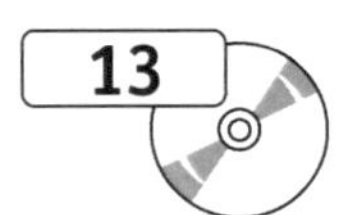

Big City Life

Großstadtleben

Tatjana Davidoff

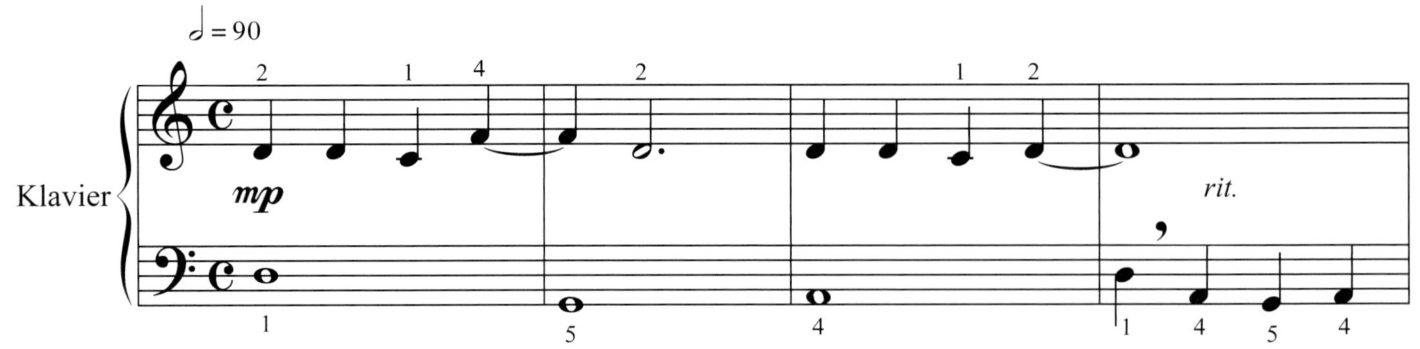

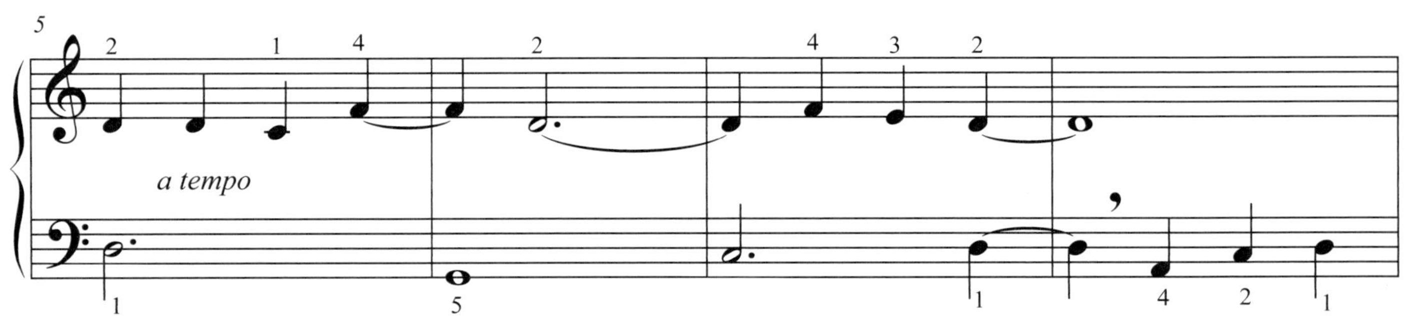

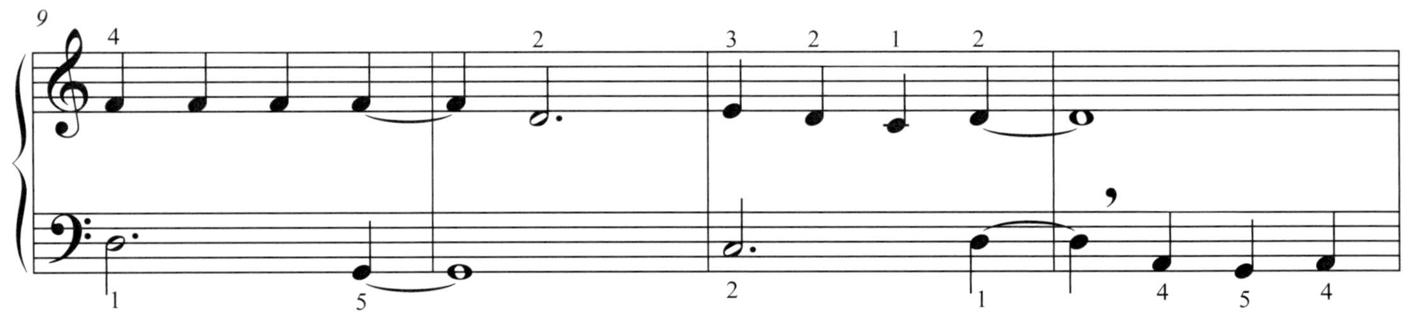

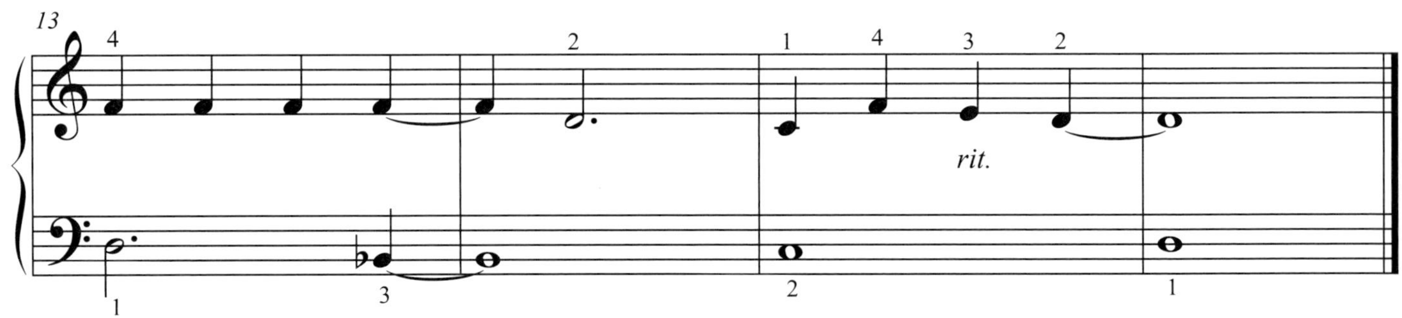

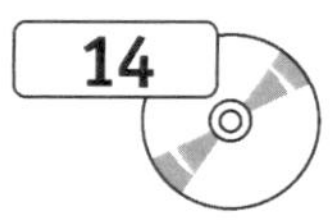

Hold My Hand

Halte meine Hand

Tatjana Davidoff

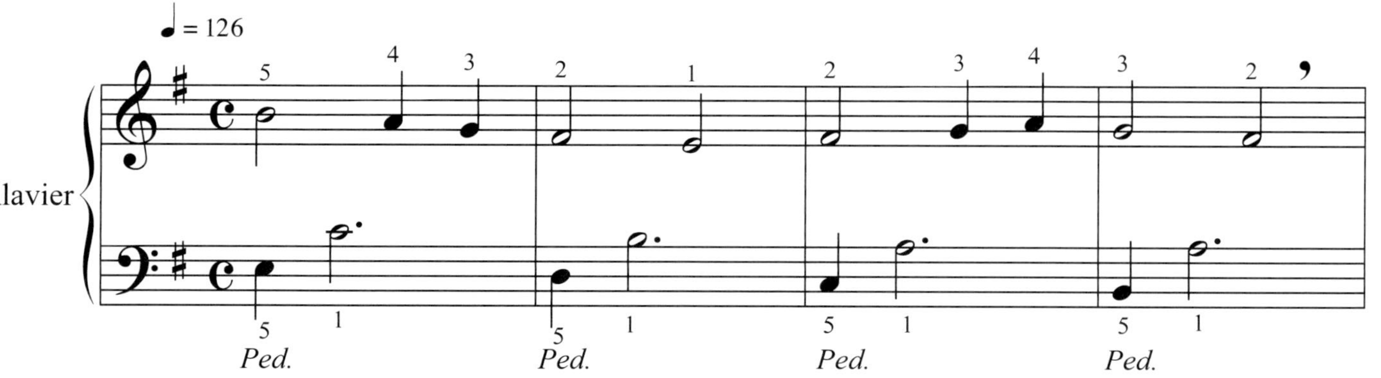

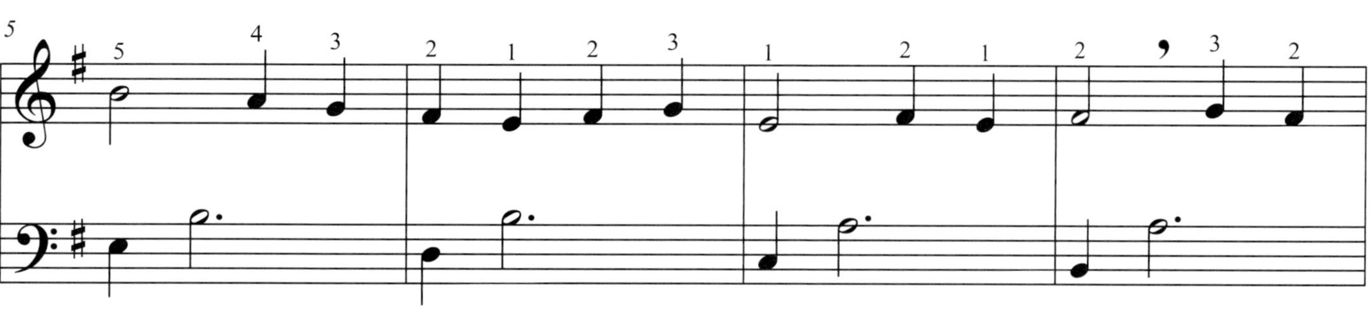

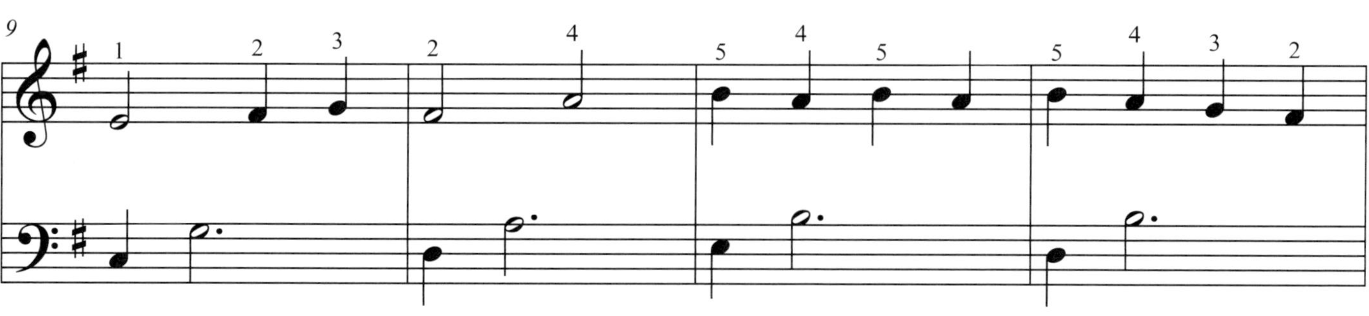

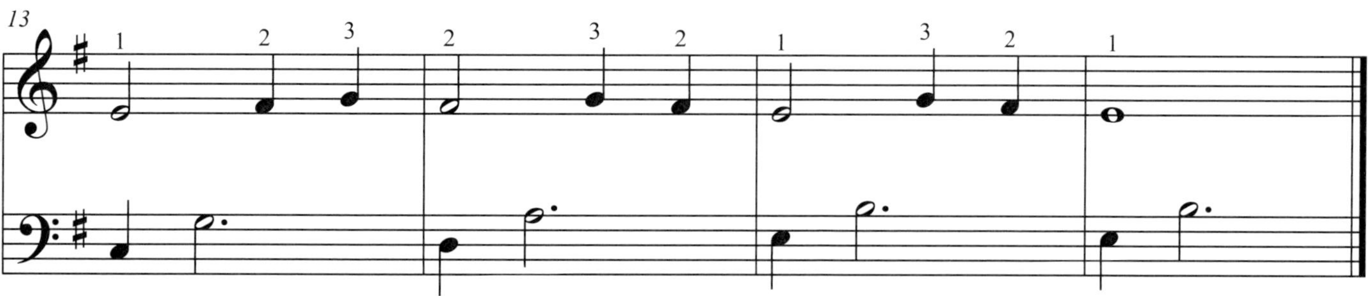

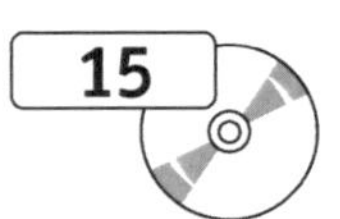

Left, Right, Straight Ahead

Links, rechts, geradeaus

Tatjana Davidoff

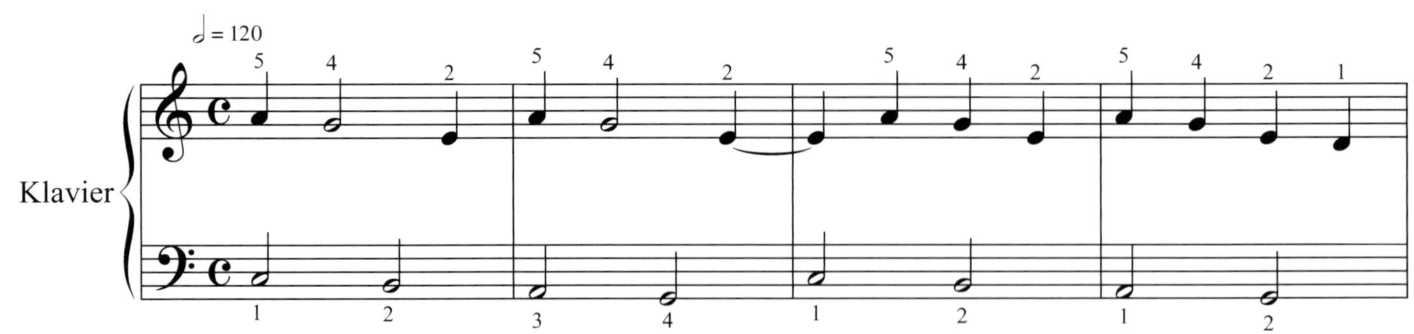

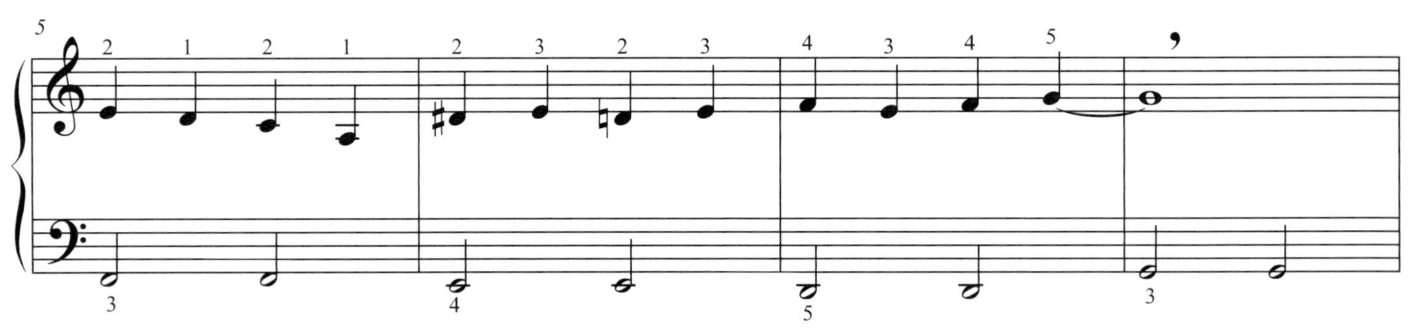

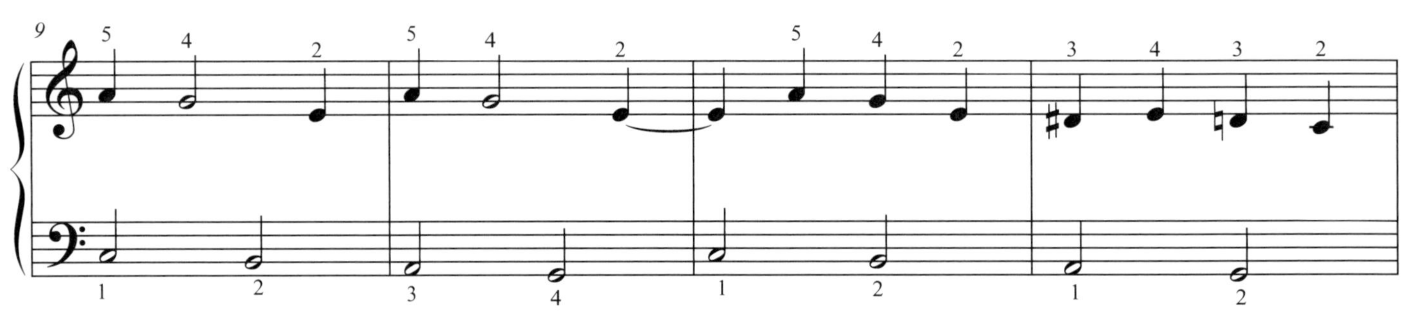

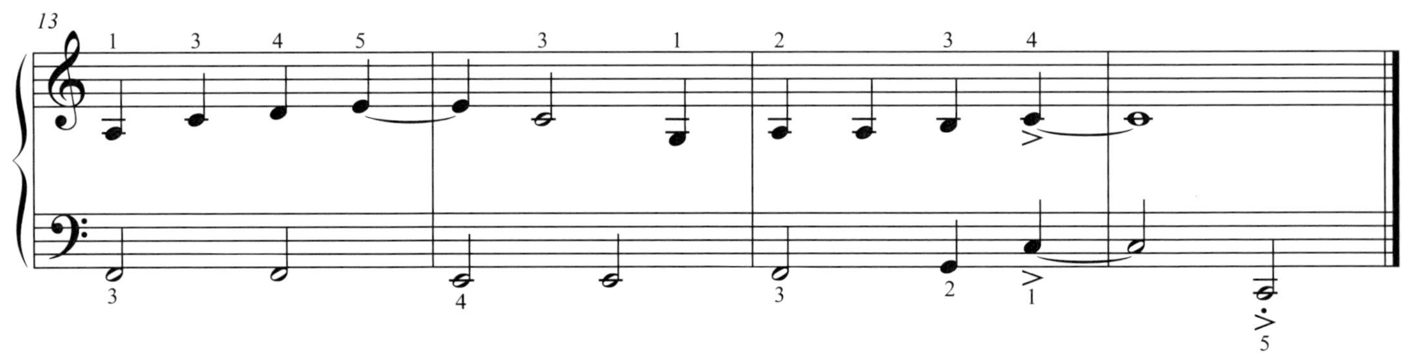

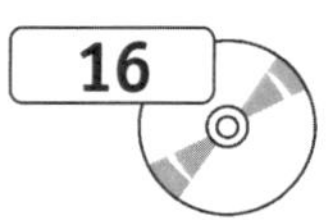

The Glass Is Empty

Das Glas ist leer

Tatjana Davidoff

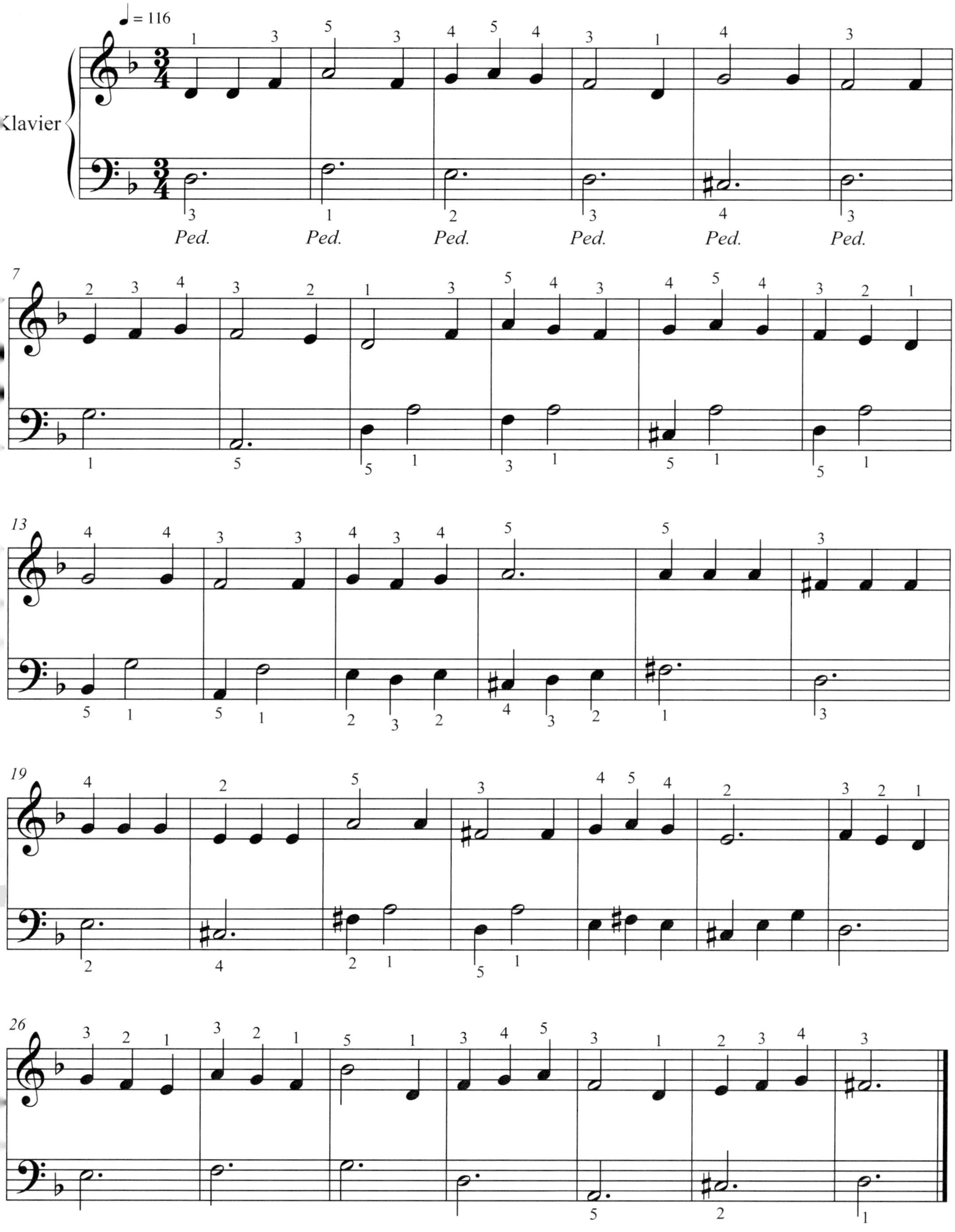

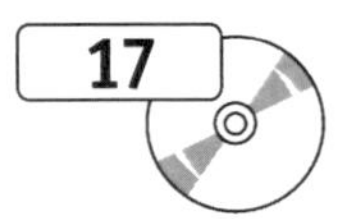

The Optimist

Der Optimist

Tatjana Davidoff

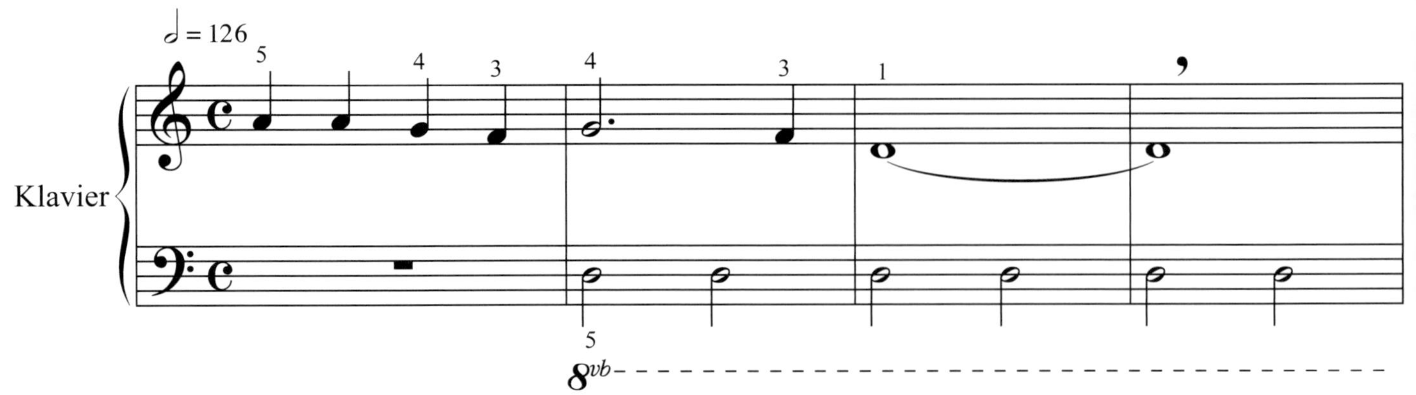

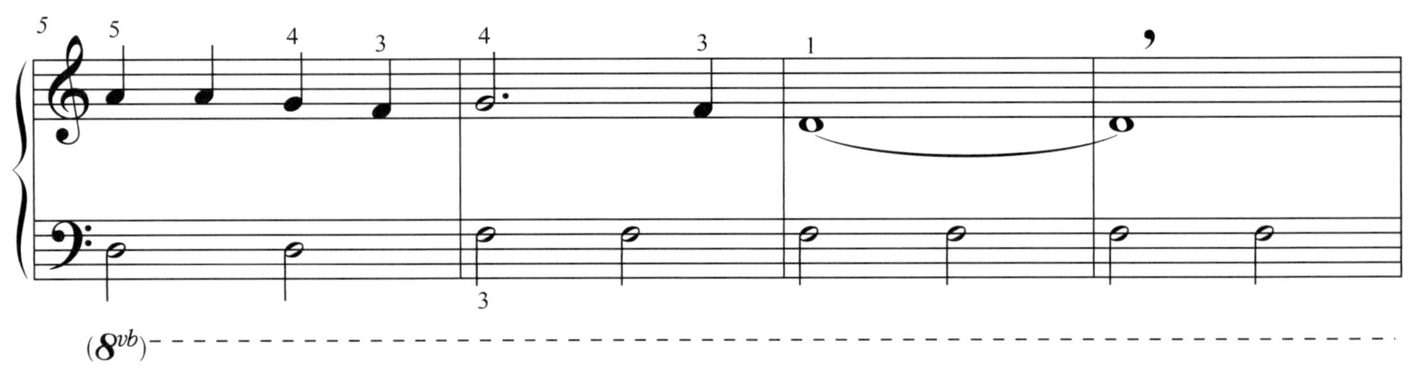

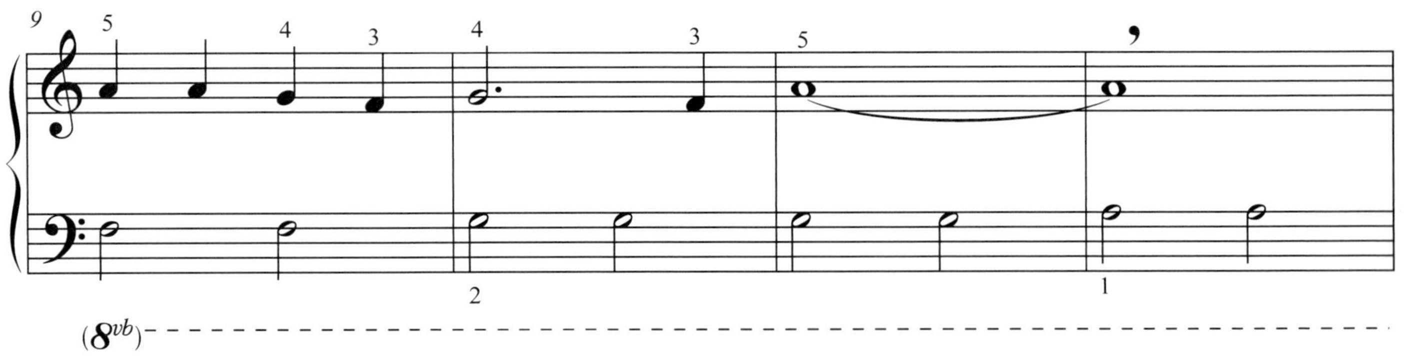

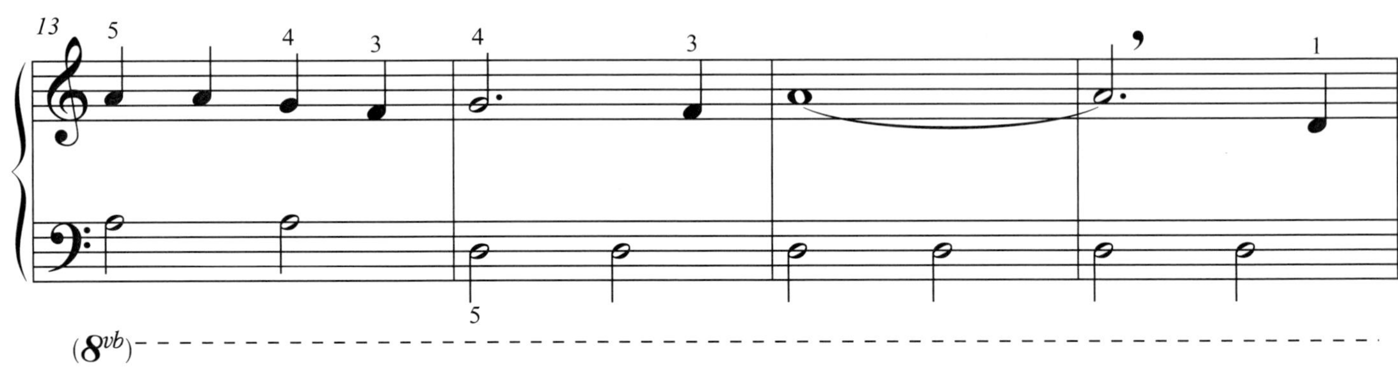

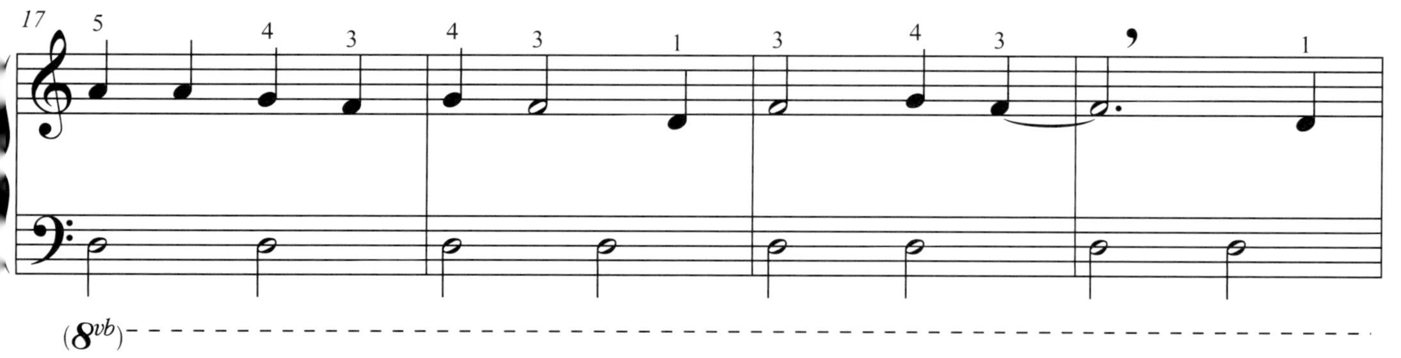
17
5
4
3
4
3
1
3
4
3
1
(8vb)

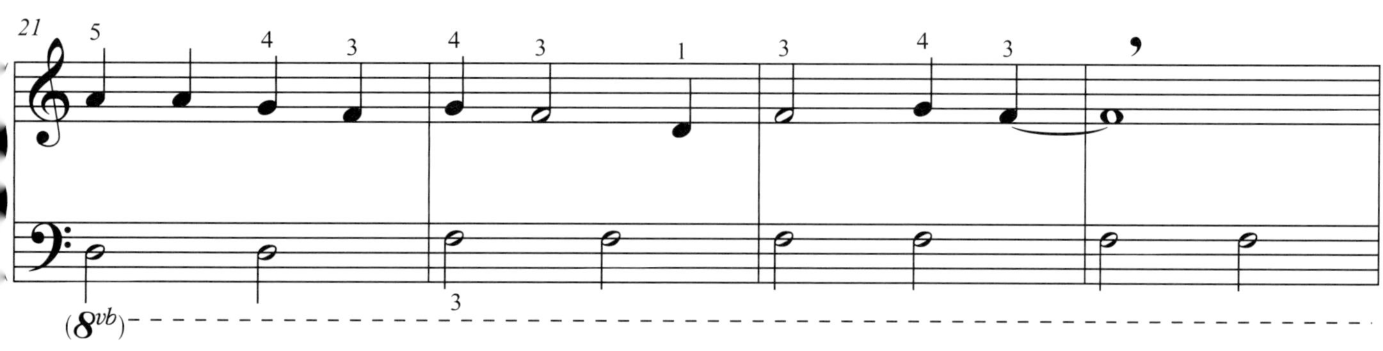
21
5
4
3
4
3
1
3
4
3
3
(8vb)

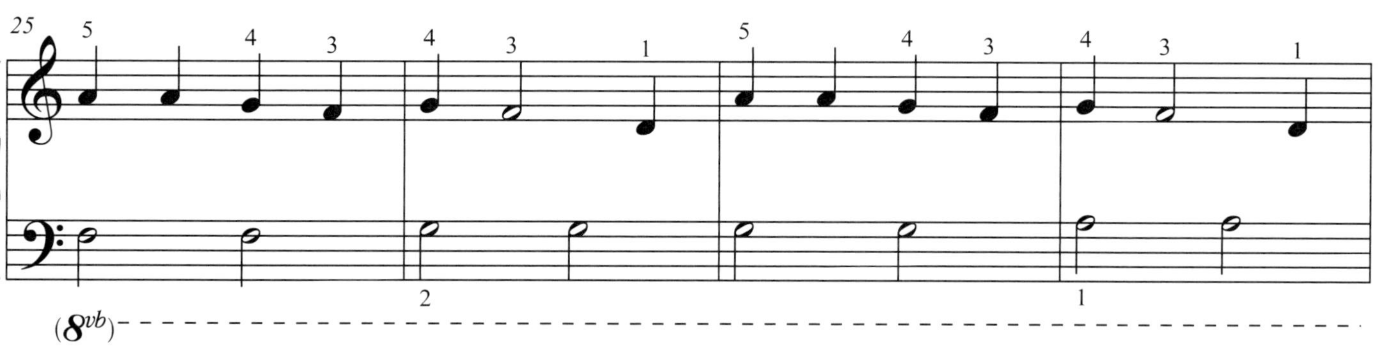
25
5
4
3
4
3
1
5
4
3
4
3
1
2
1
(8vb)

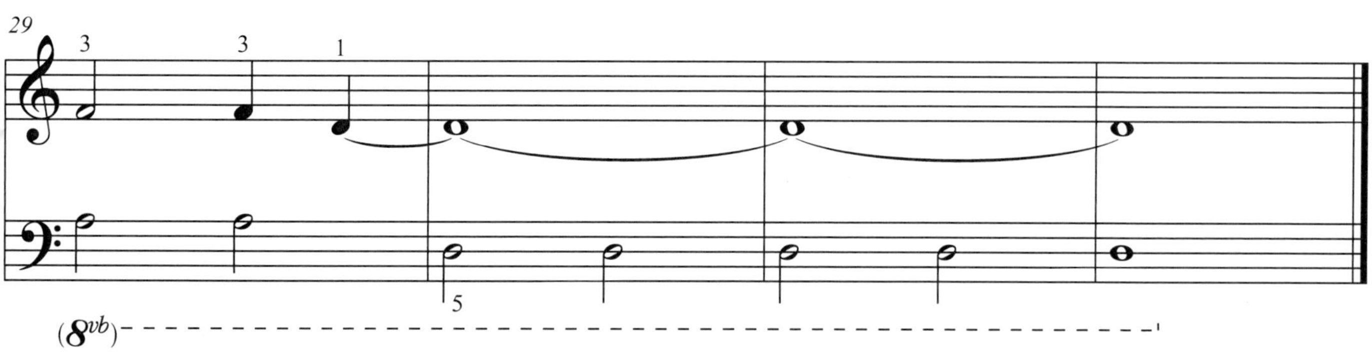
29
3
3
1
5
(8vb)

One Trainride Away

Eine Zugfahrt entfernt

Tatjana Davidoff

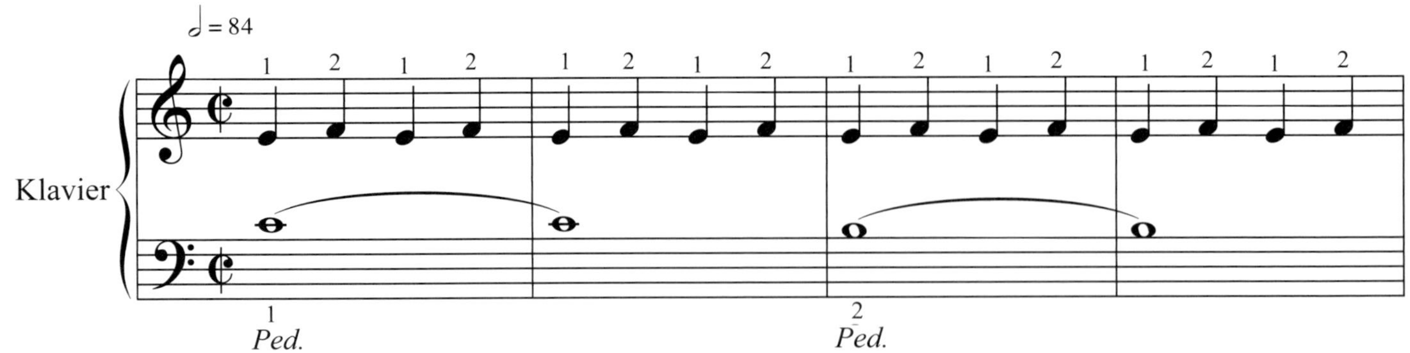

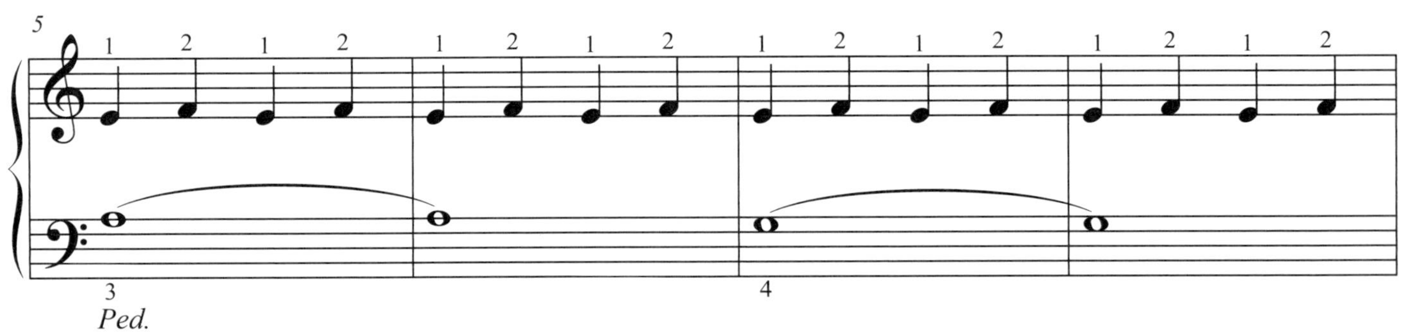

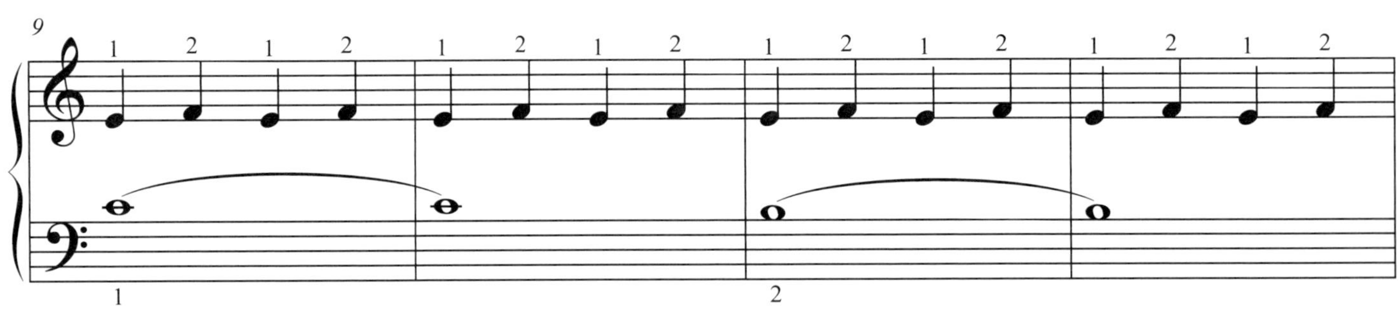

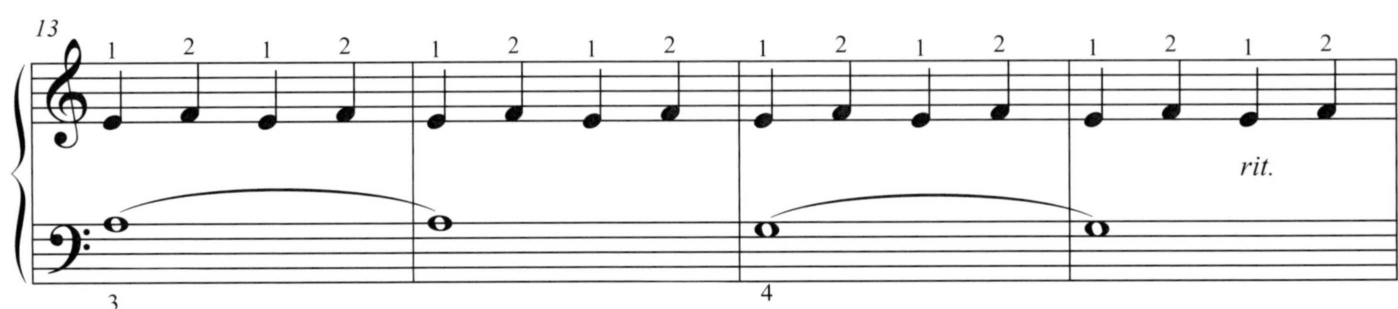

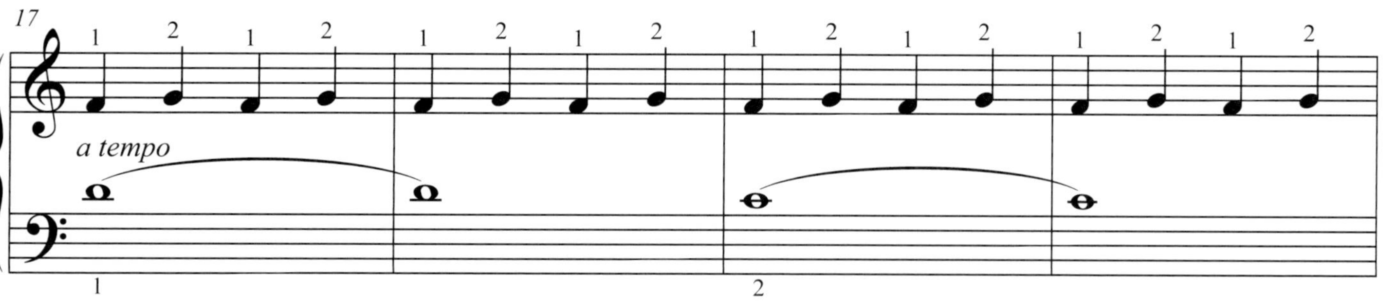
17
a tempo

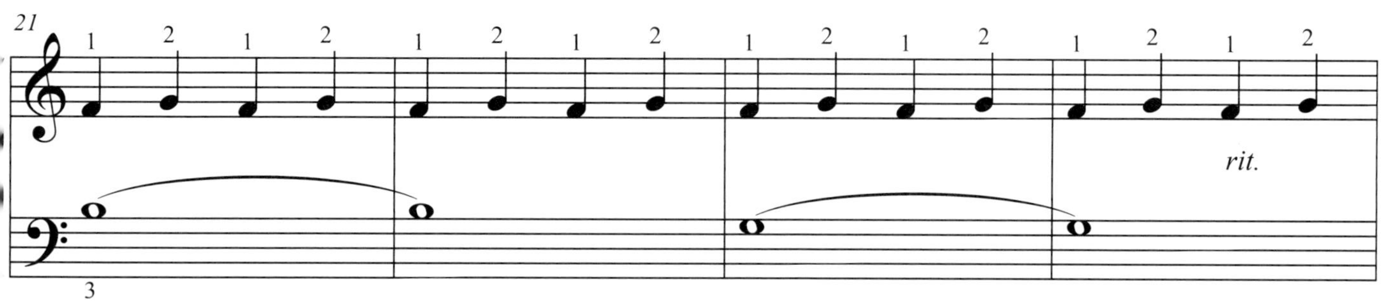
21
rit.

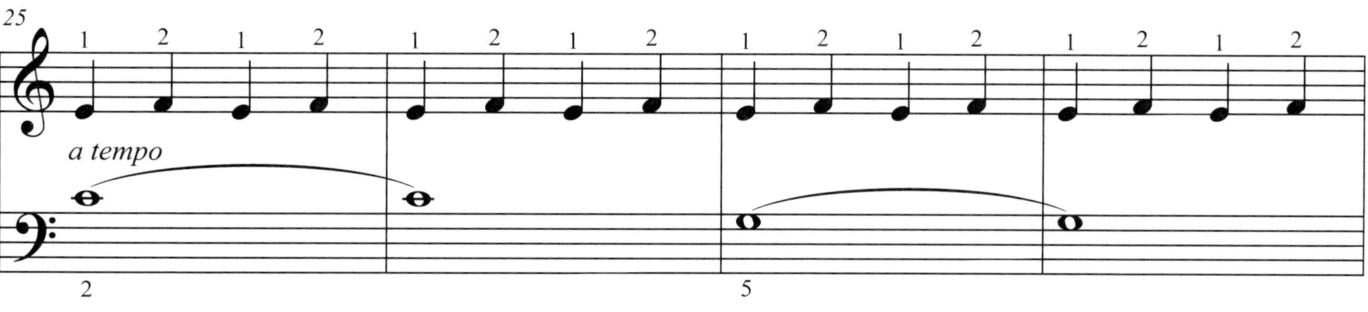
25
a tempo

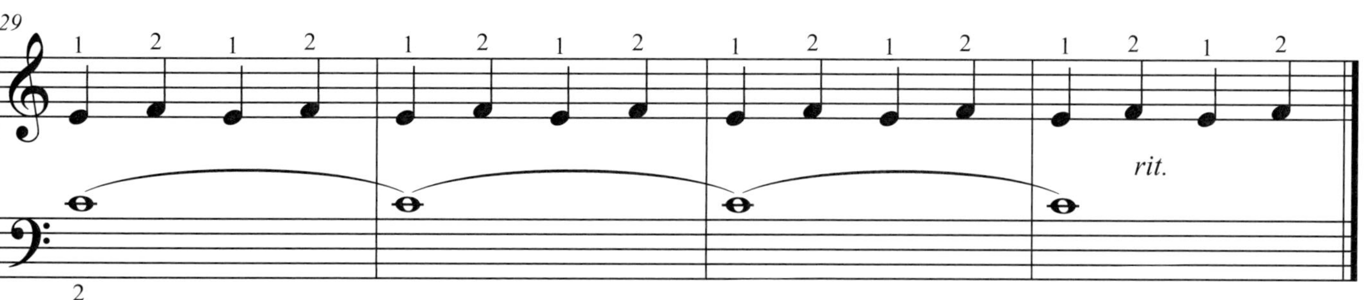
29
rit.

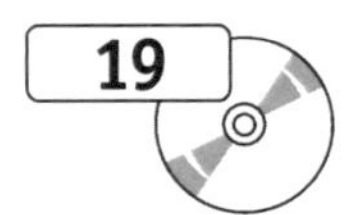

Big Blue Airplane

Großes blaues Flugzeug

Tatjana Davidoff

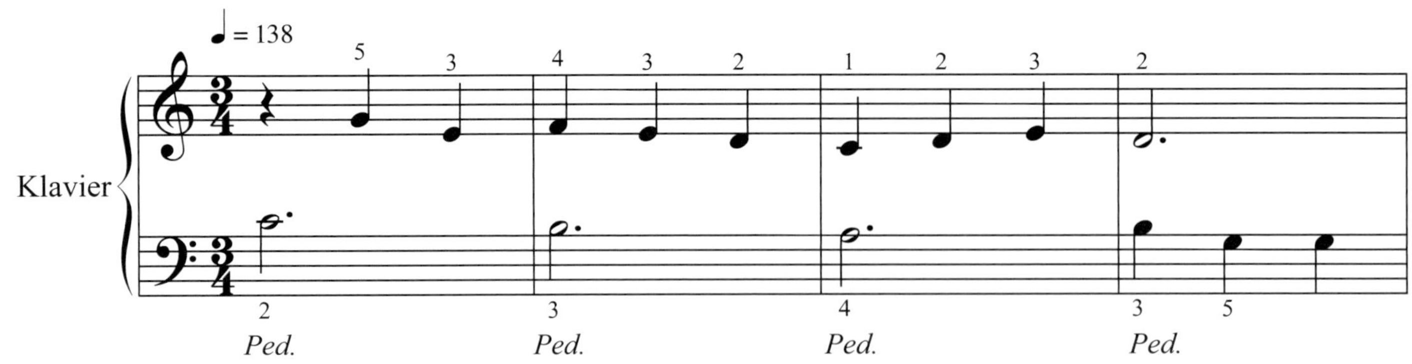

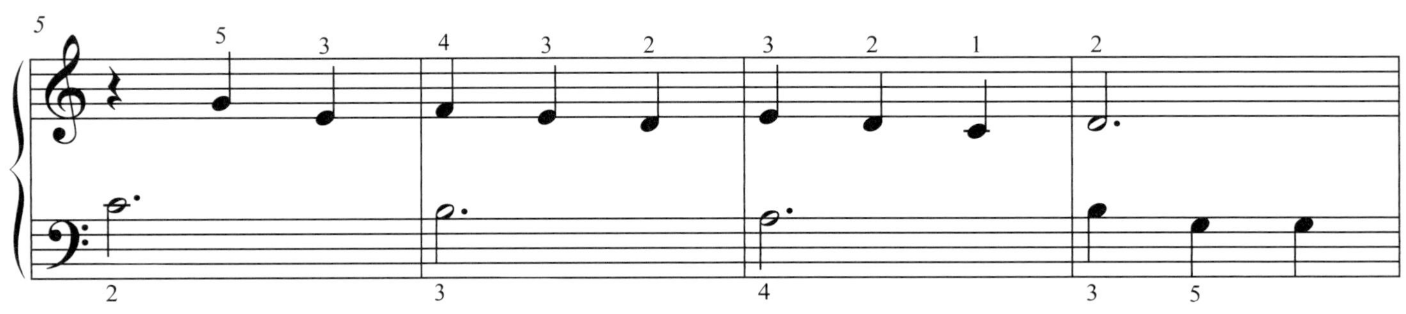

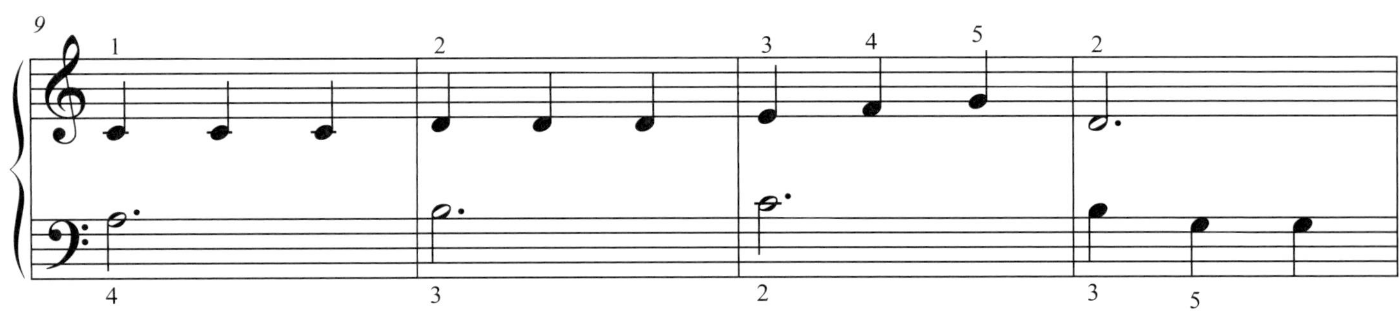

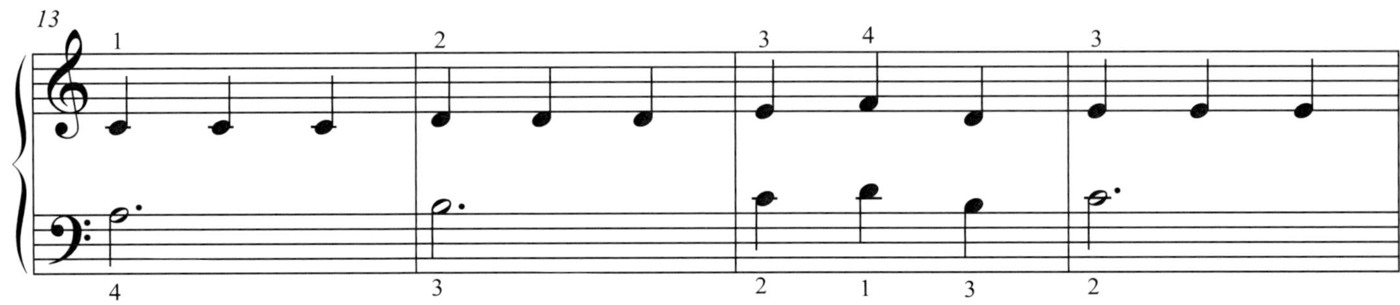

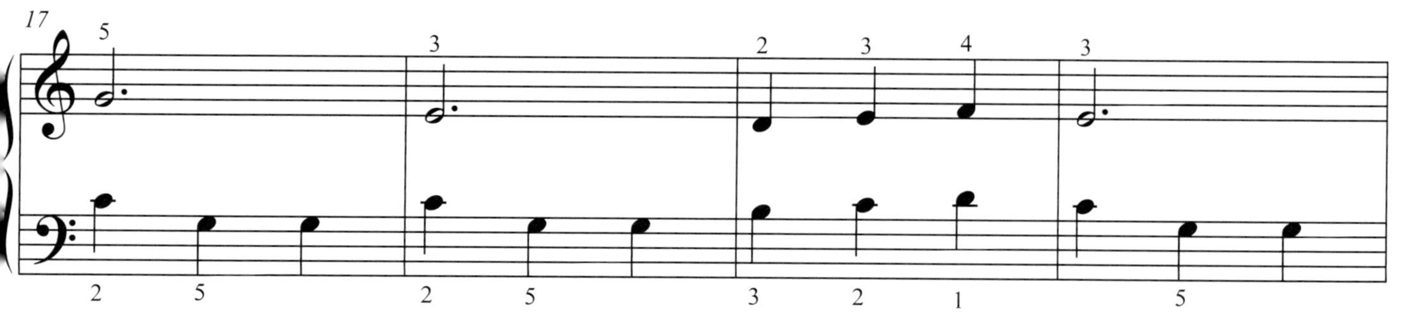
17
5
3
2
3
4
3
2
5
2
5
3
2
1
5

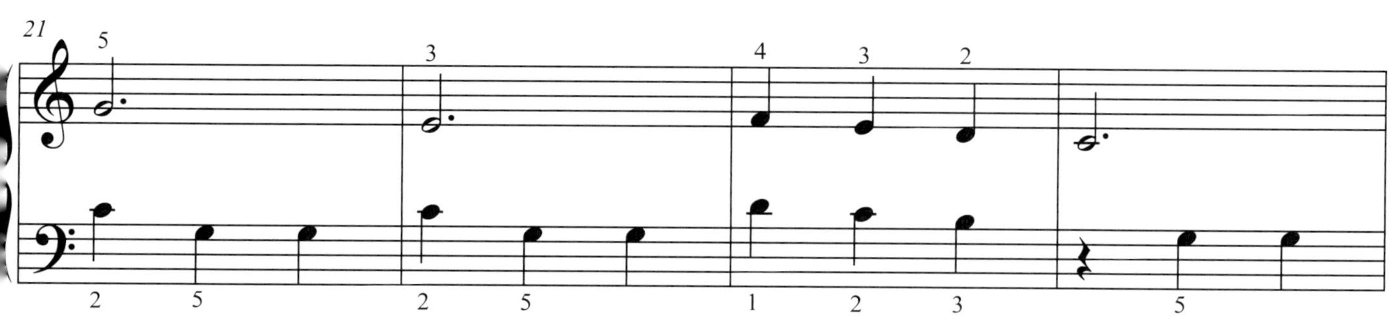
21
5
3
4
3
2
2
5
2
5
1
2
3
5

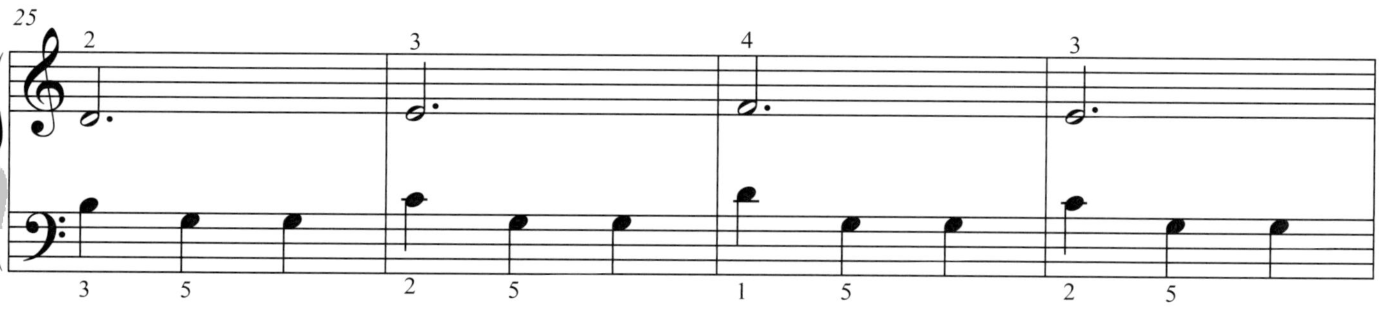
25
2
3
4
3
3
5
2
5
1
5
2
5

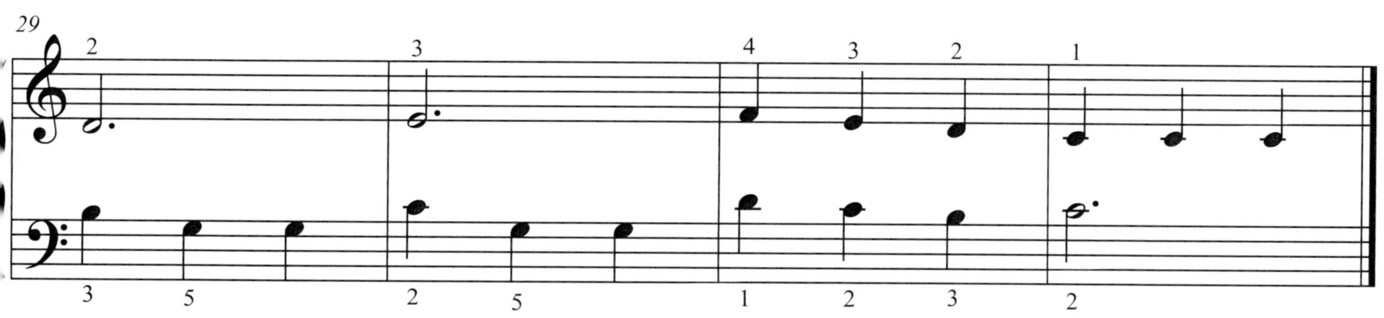
29
2
3
4
3
2
1
3
5
2
5
1
2
3
2

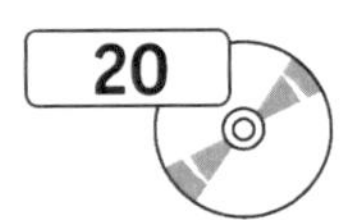

Keep Fingers Crossed

Daumen drücken

Tatjana Davidoff

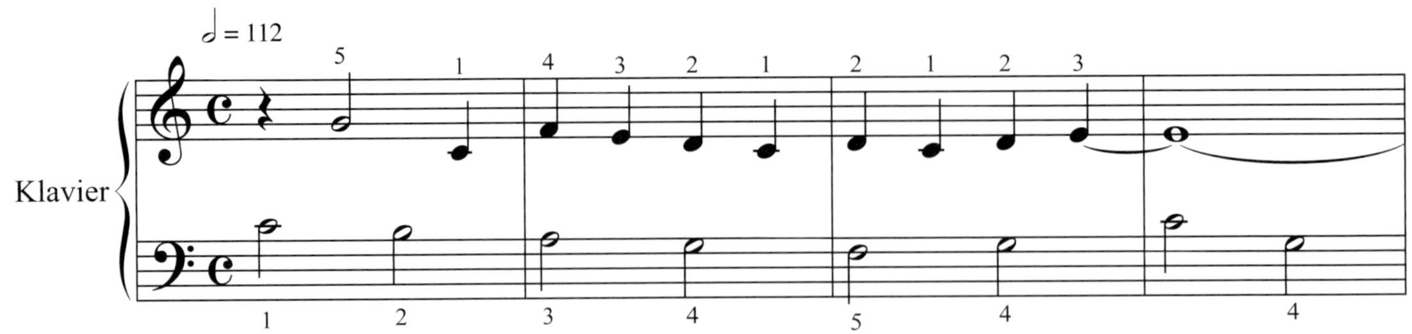

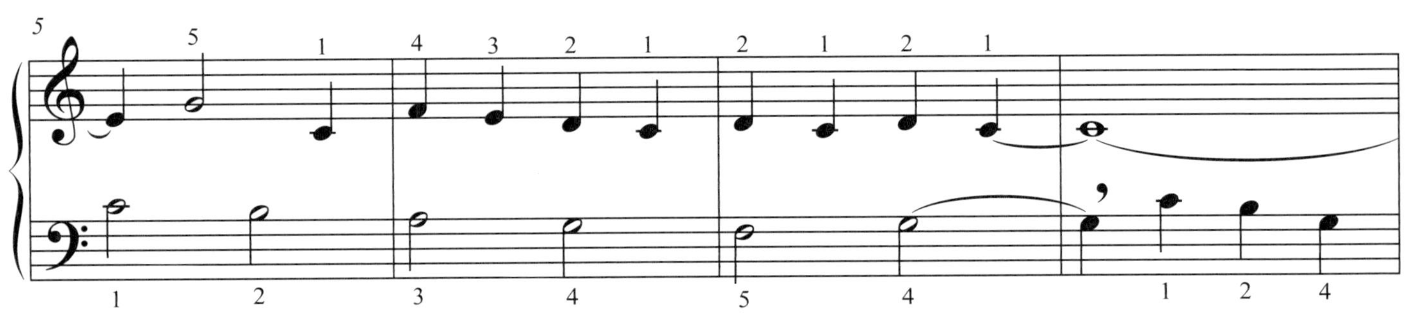

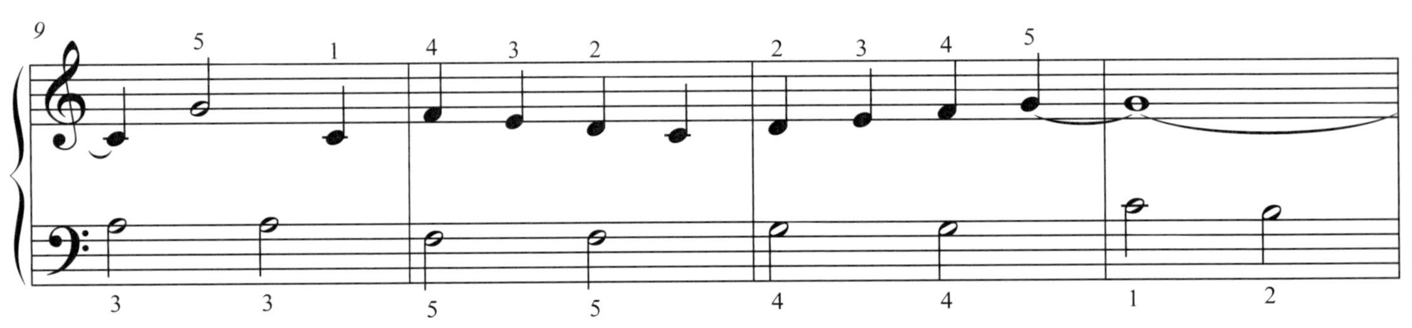

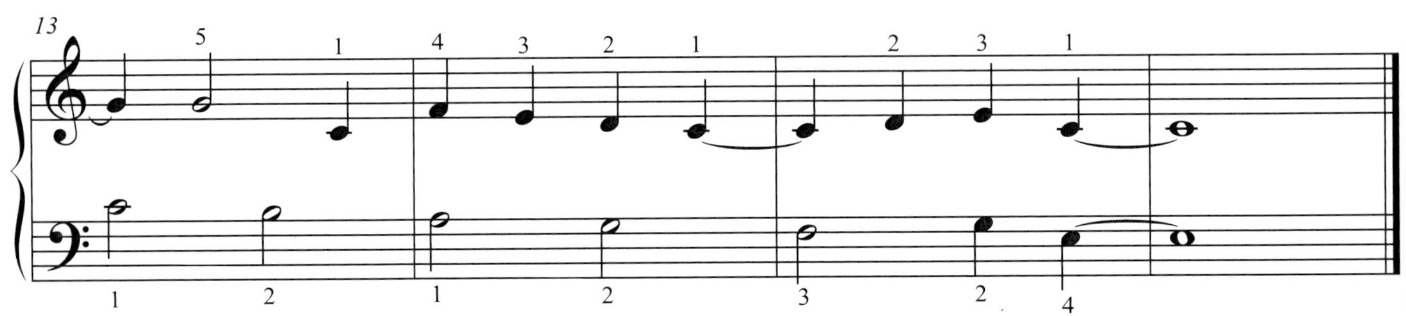

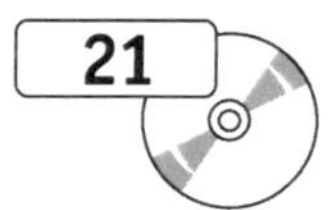

Always & Never

Immer & nie

Tatjana Davidoff

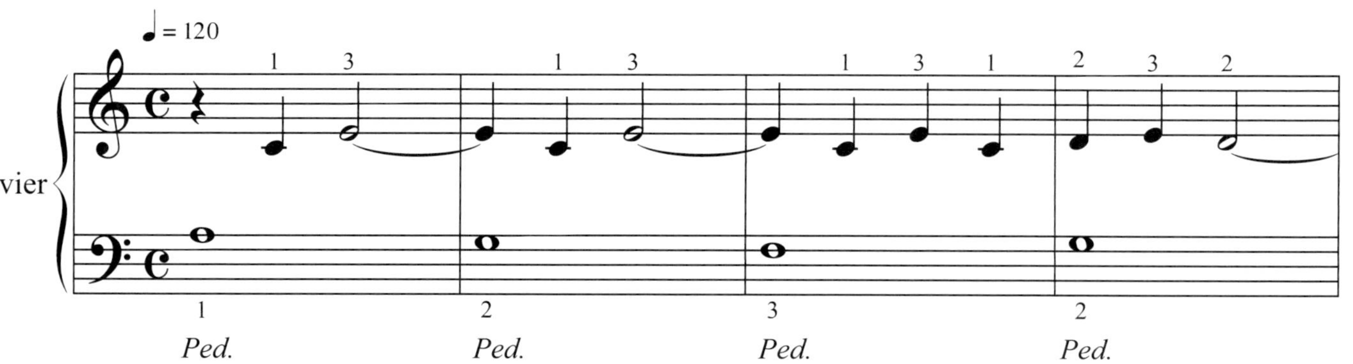

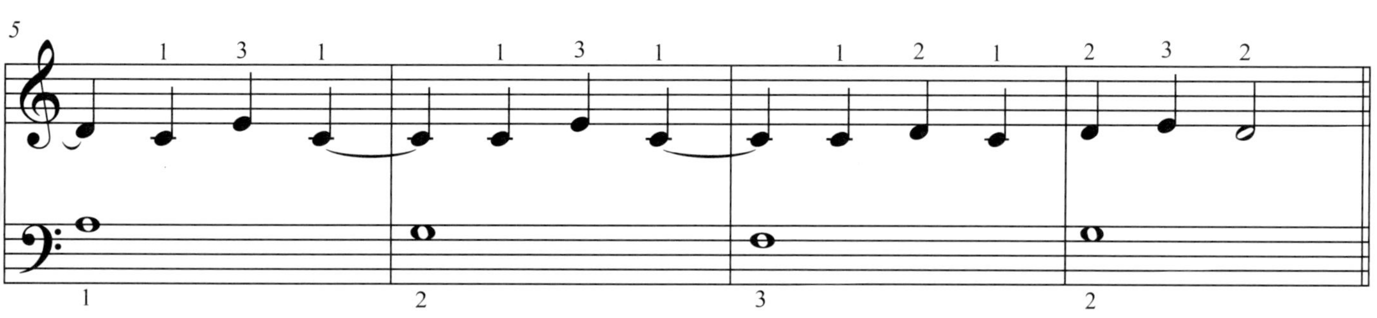

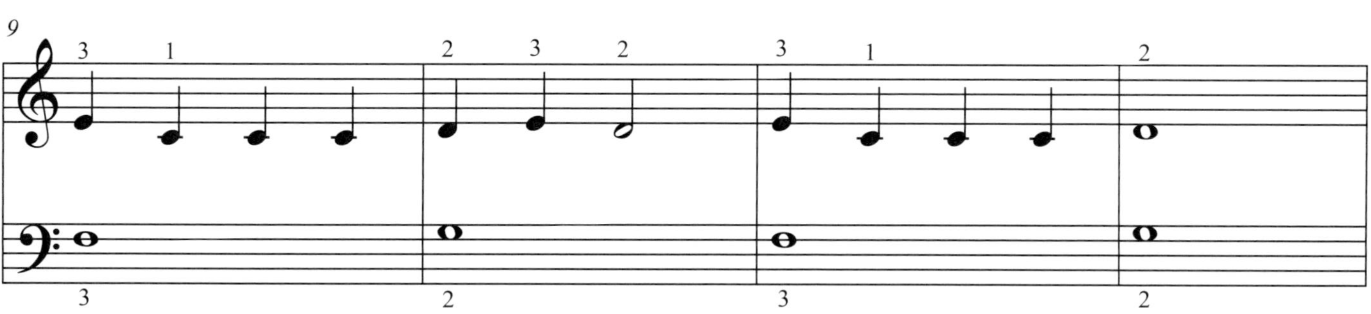

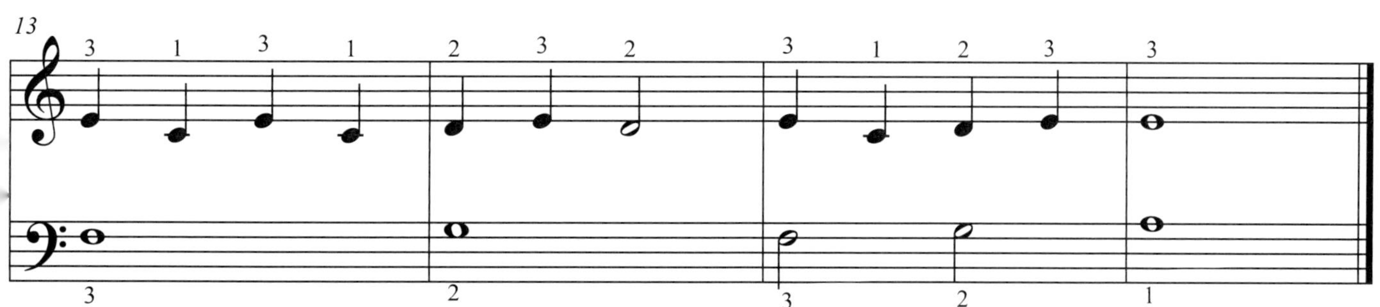

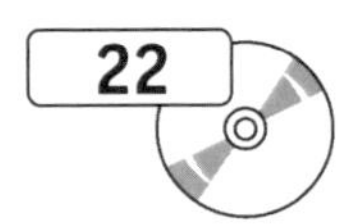

Head In The Clouds

Kopf im Sturm

Tatjana Davidoff

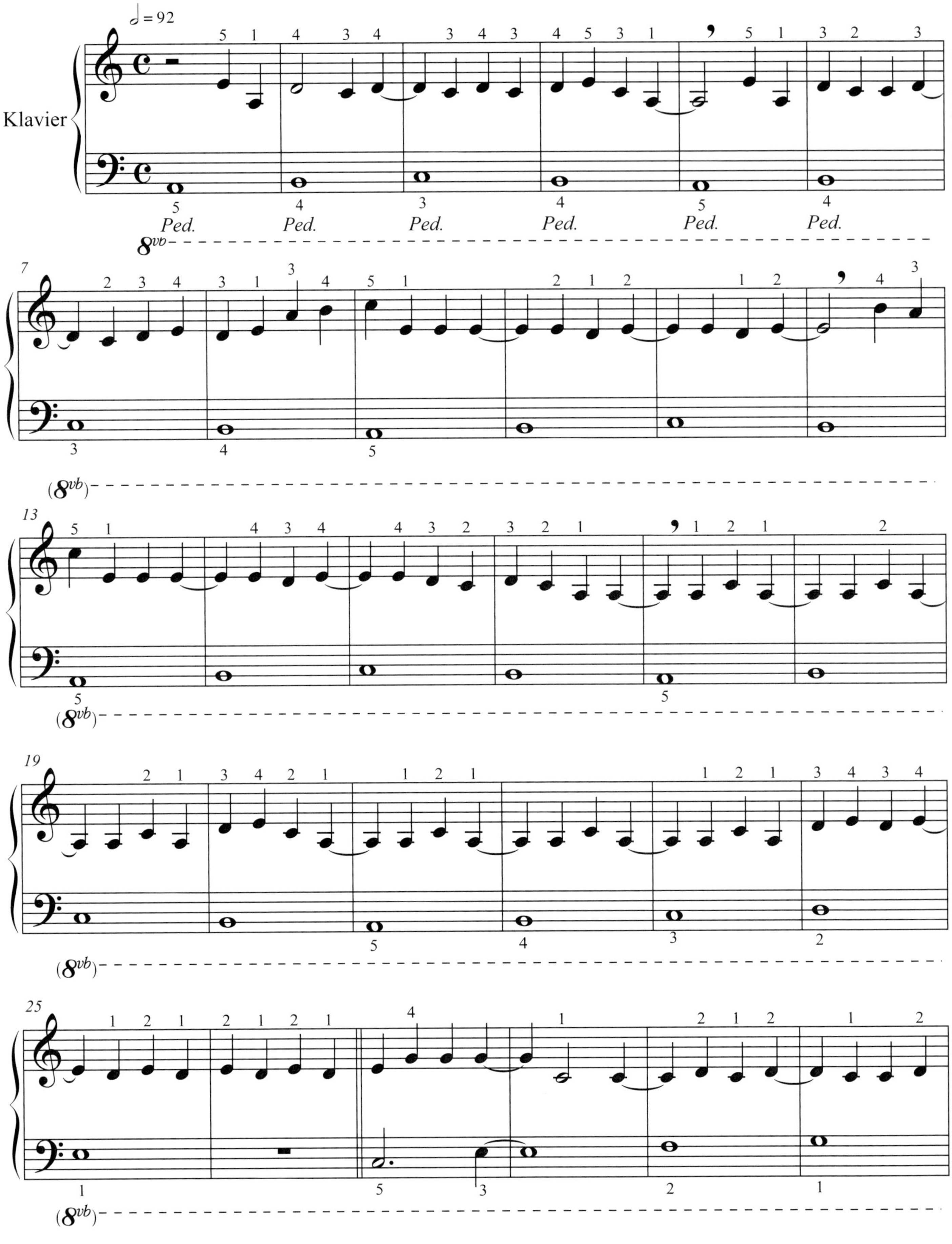

𝅗𝅥 = 92

Klavier

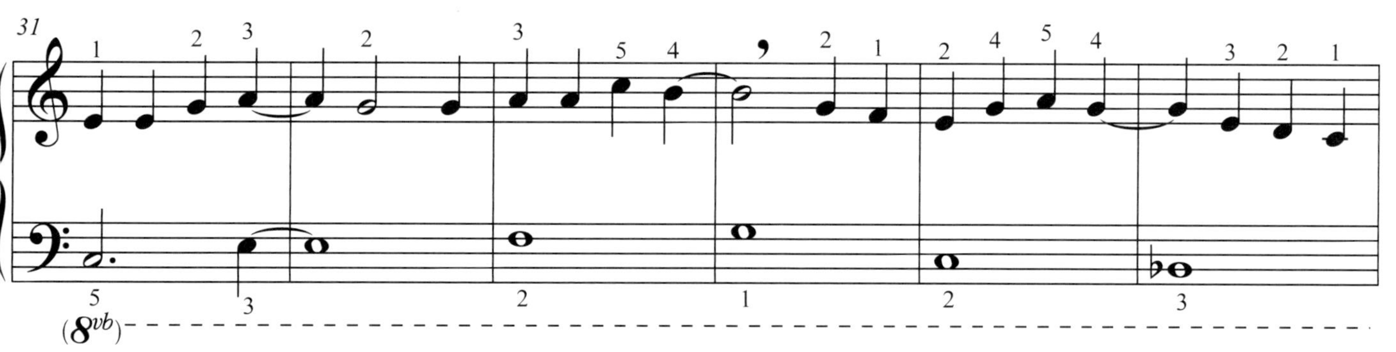
31
(8vb)
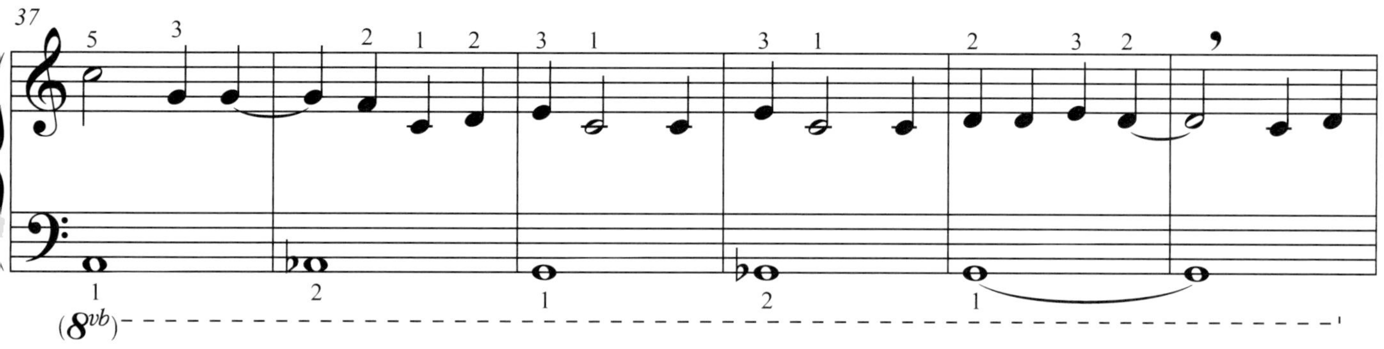
37
(8vb)
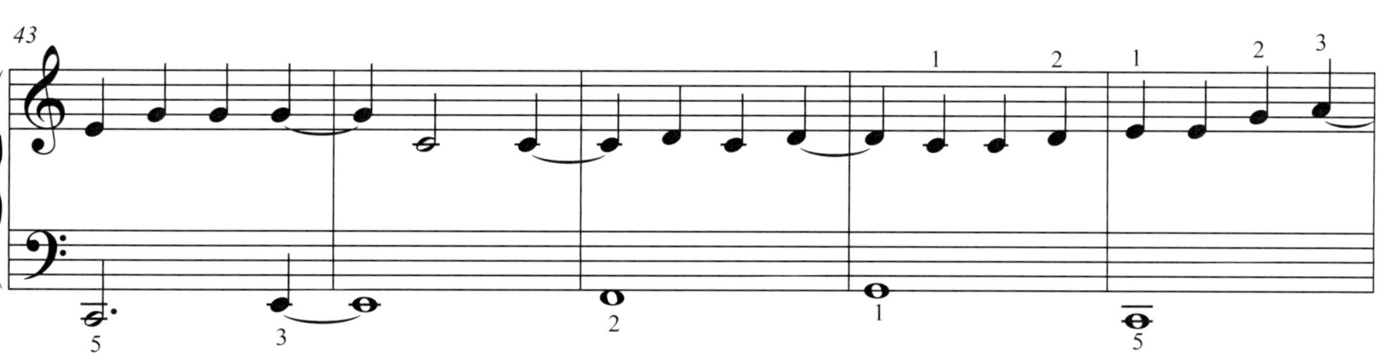
43
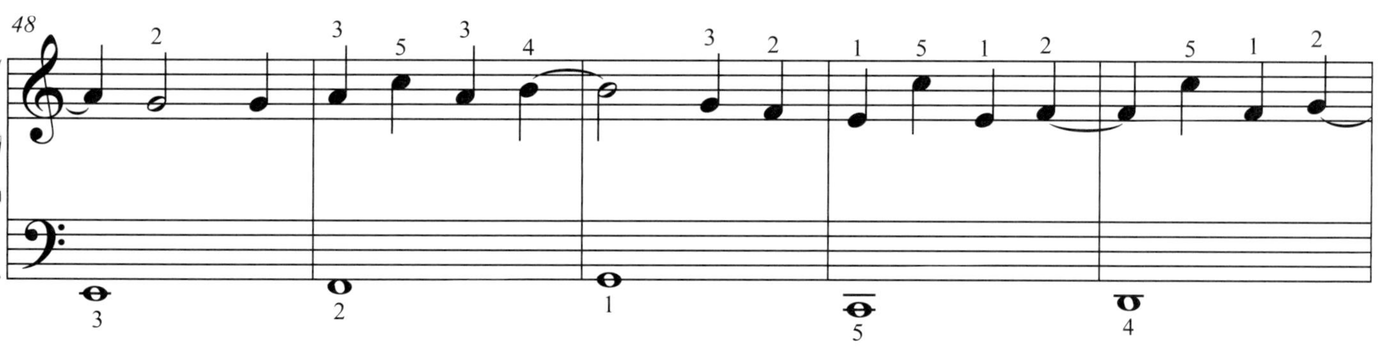
48
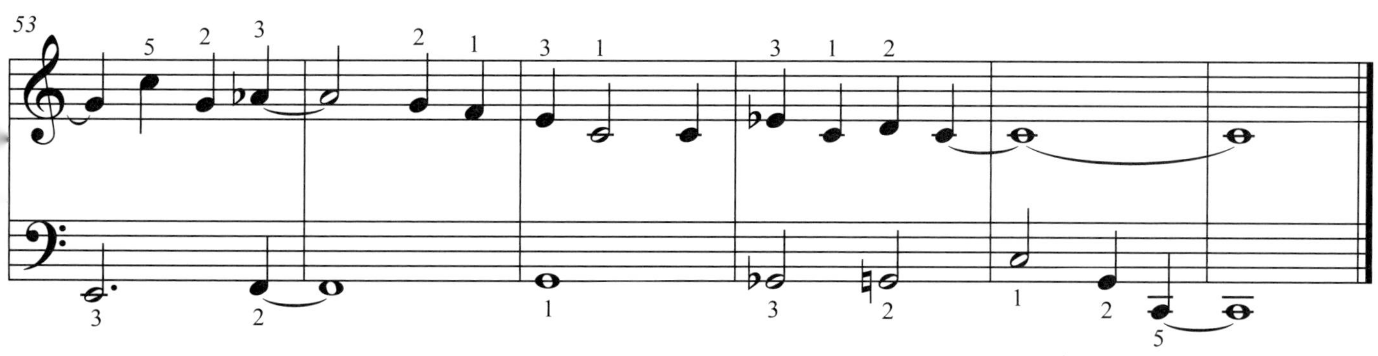
53

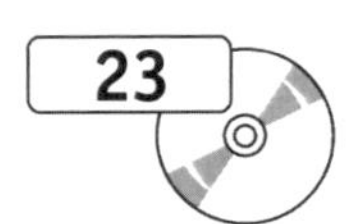

Faster! Faster!

Schneller! Schneller!

Tatjana Davidoff

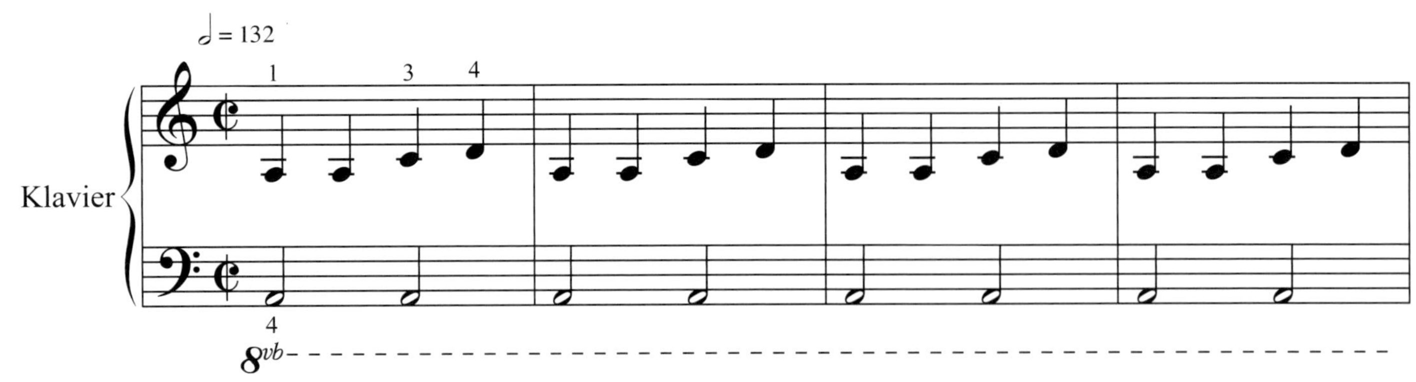

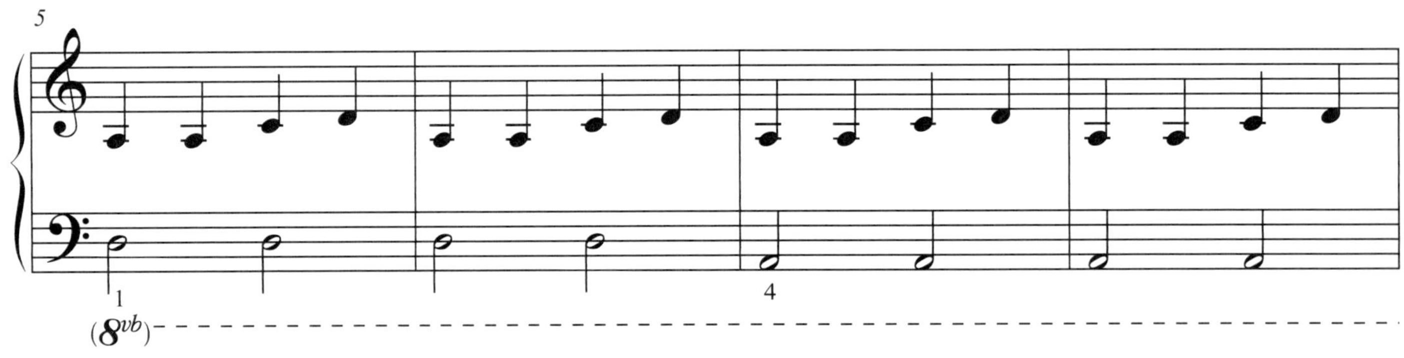

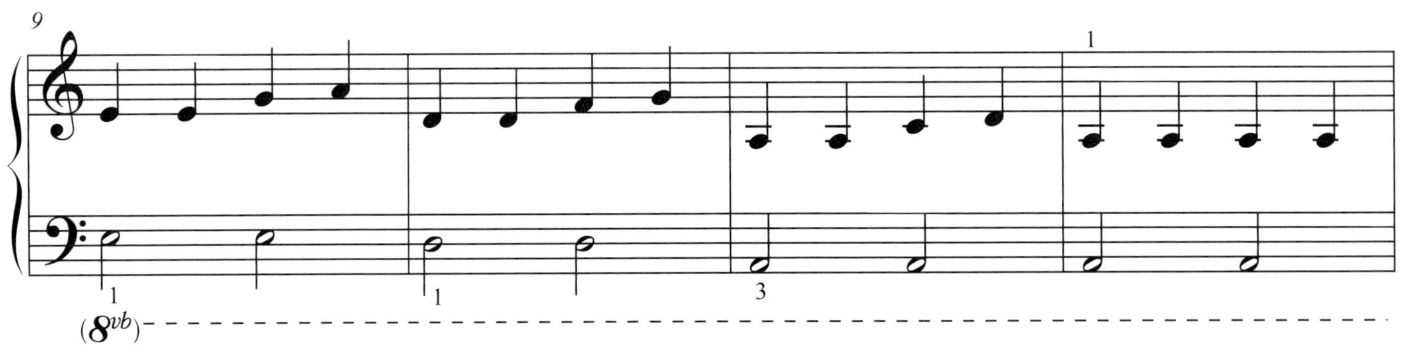

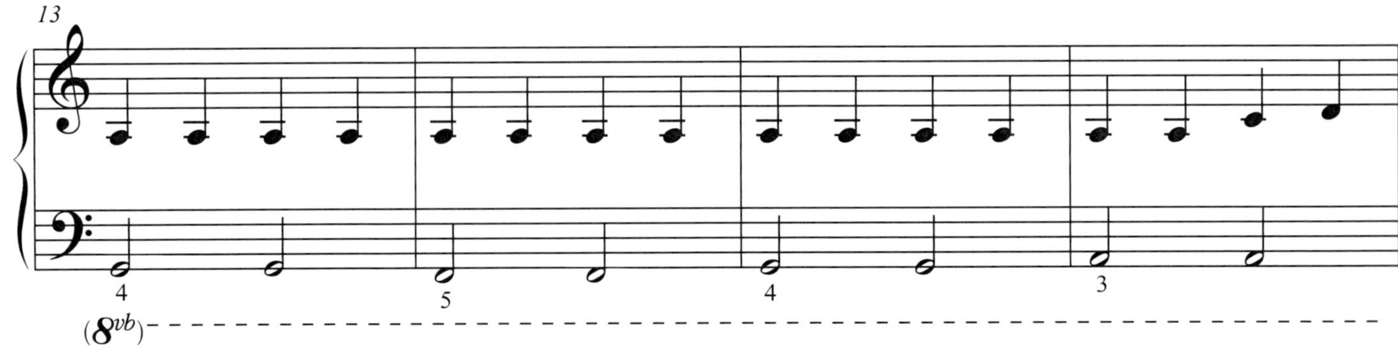

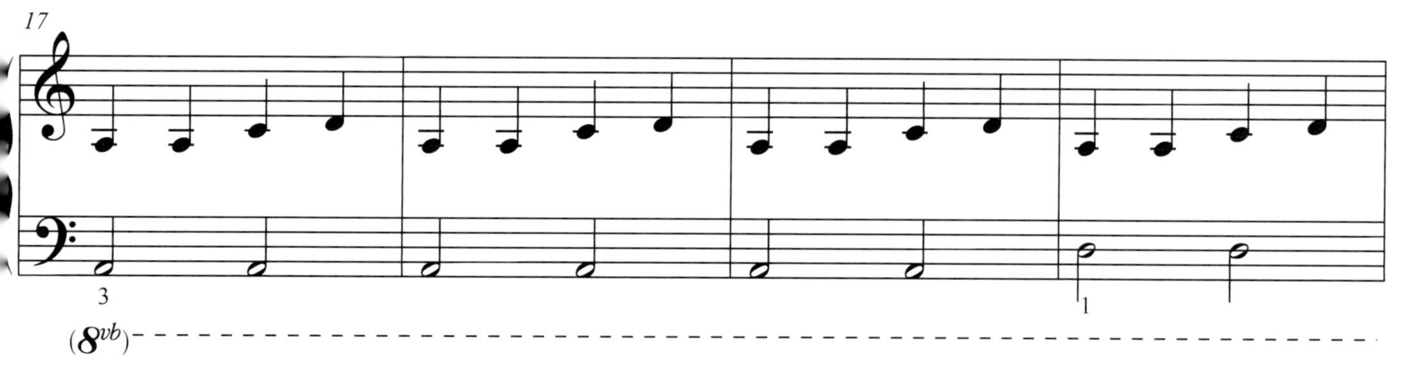
17
3
1
(8vb)

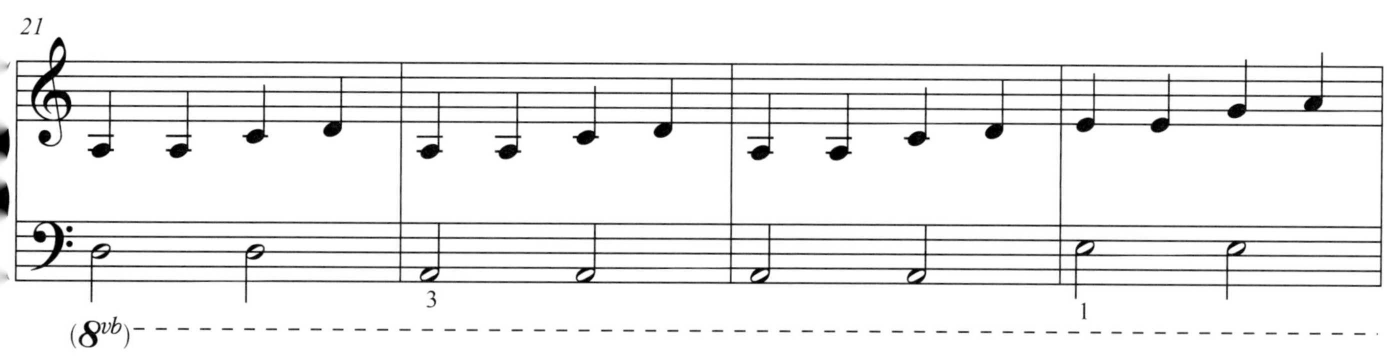
21
3
1
(8vb)

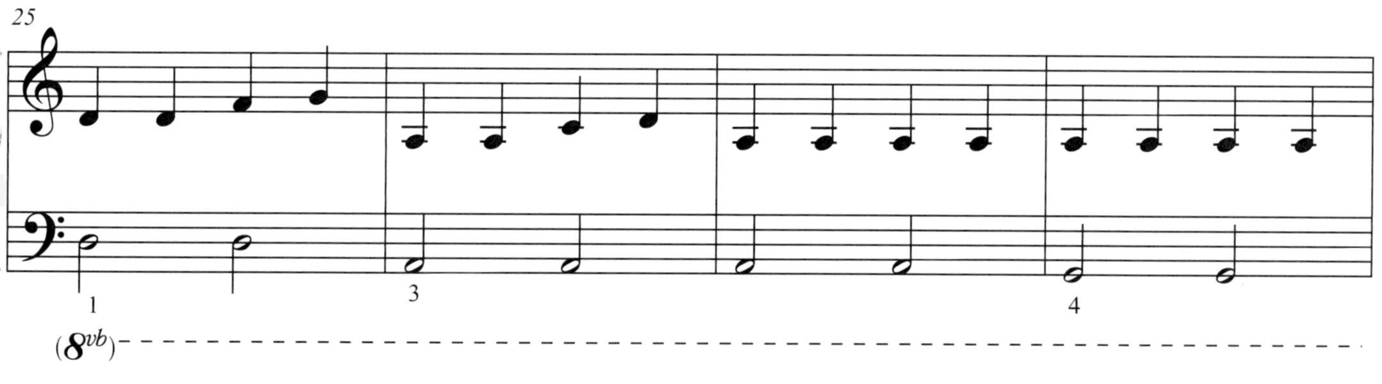
25
1
3
4
(8vb)

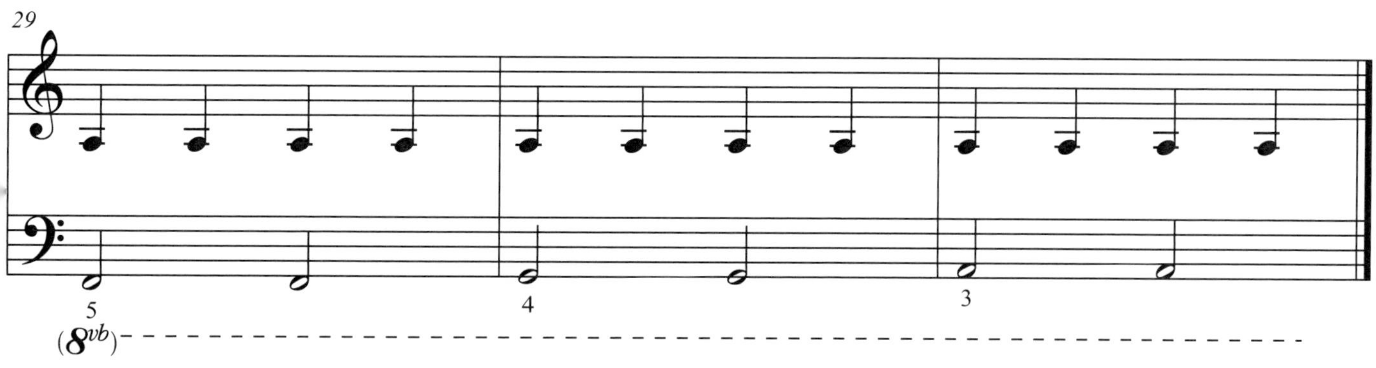
29
5
4
3
(8vb)

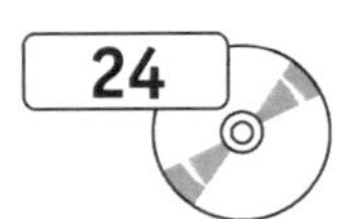

A Difficult Decision

Eine schwierige Entscheidung

Tatjana Davidoff

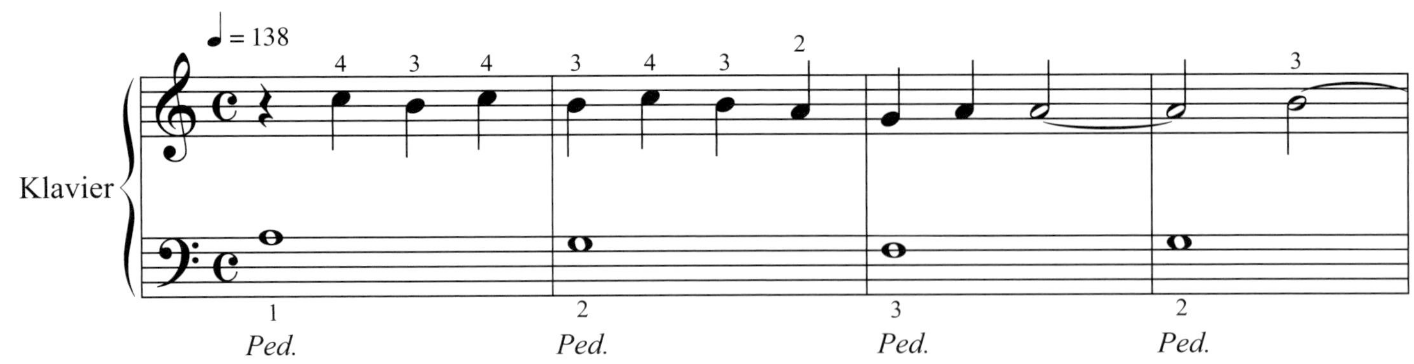

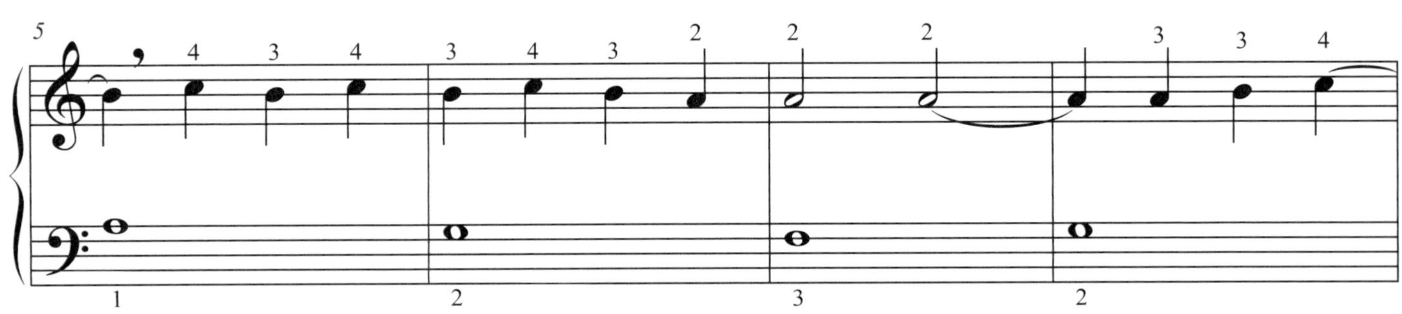

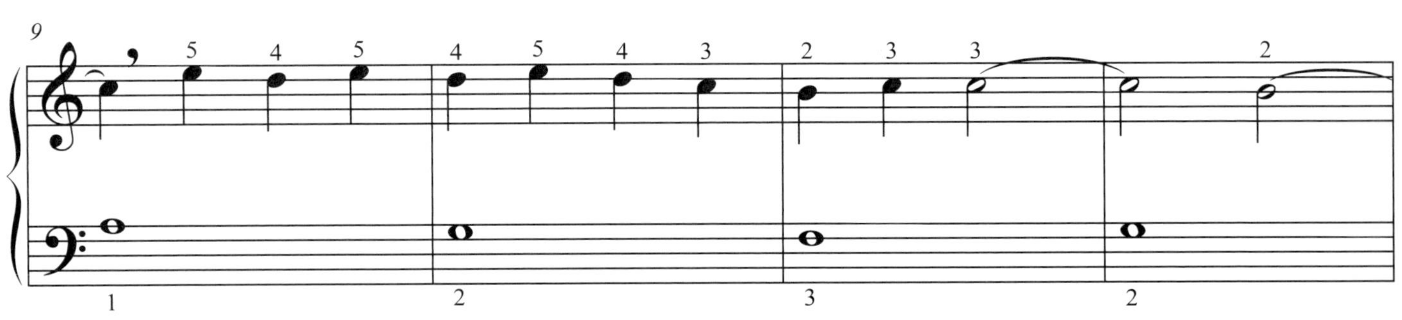

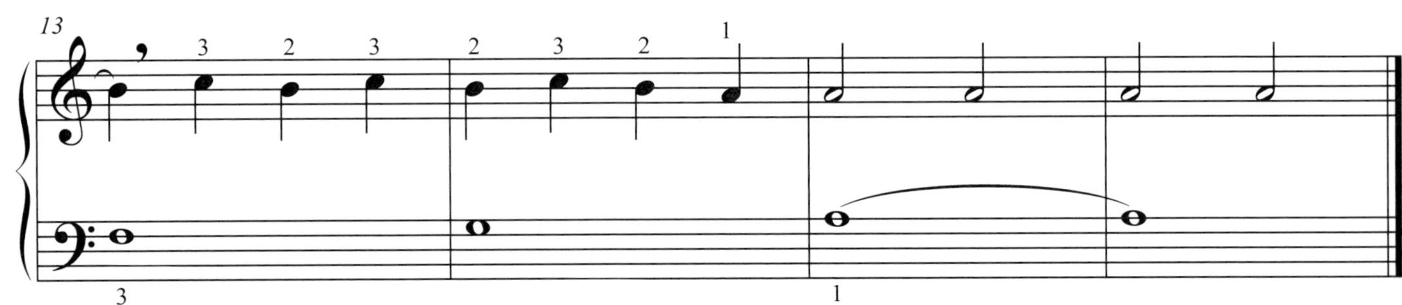

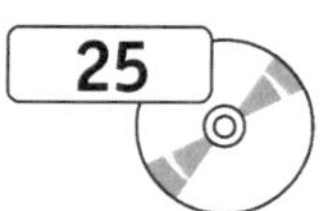

The Mailman Is Coming

Der Briefträger kommt

Tatjana Davidoff

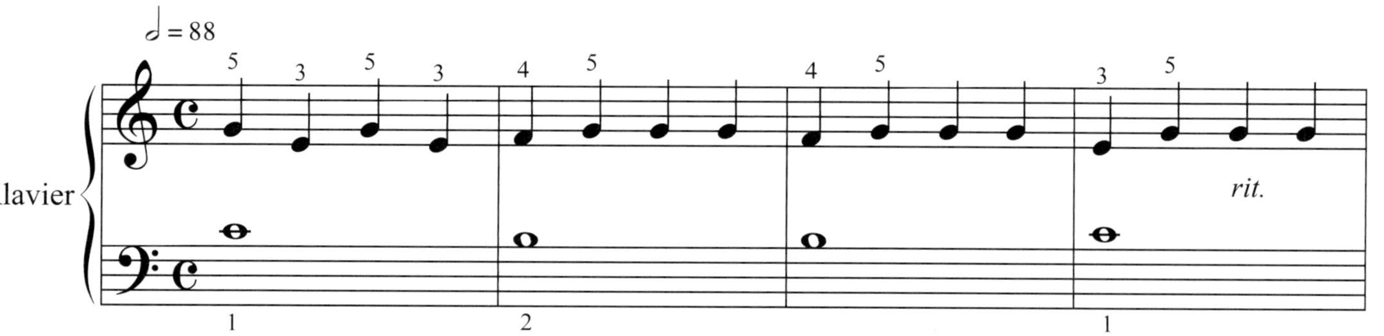

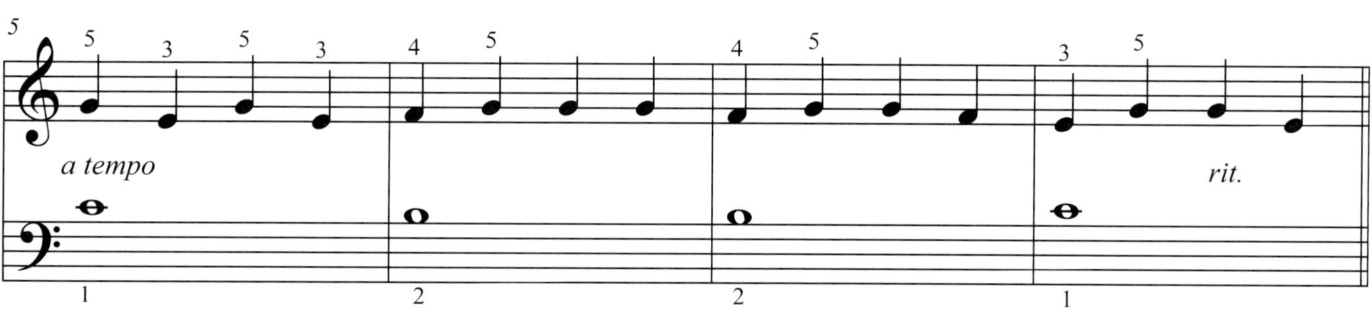

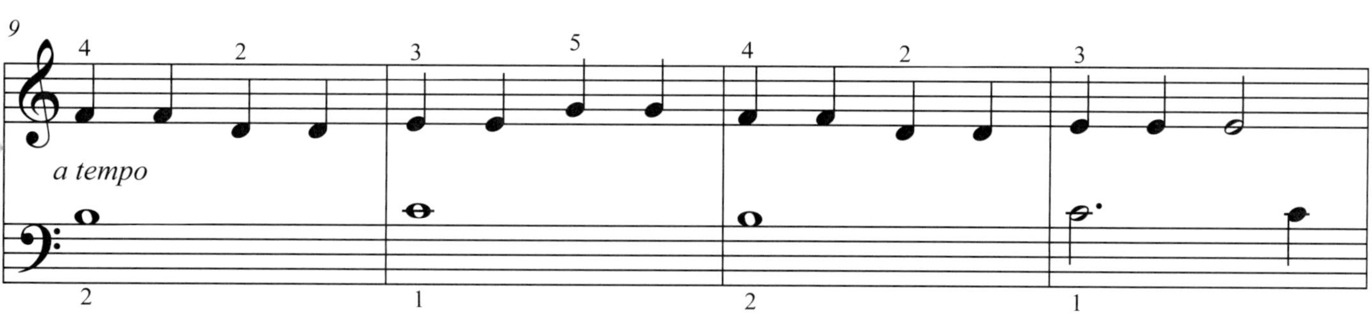

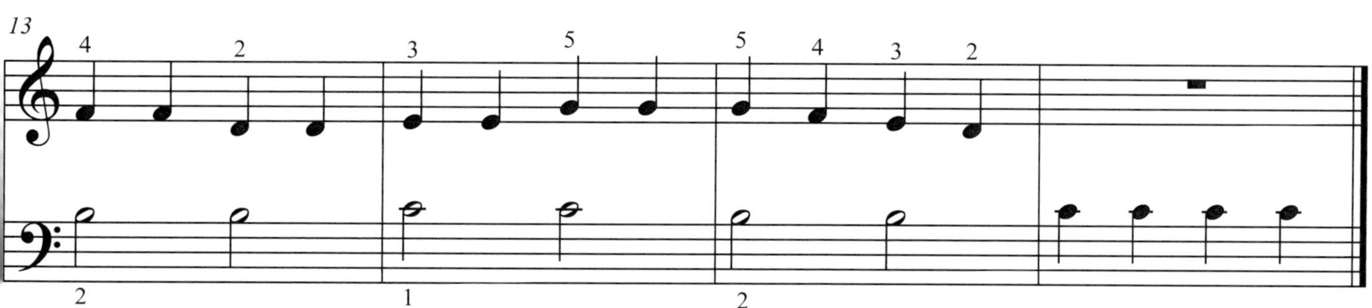

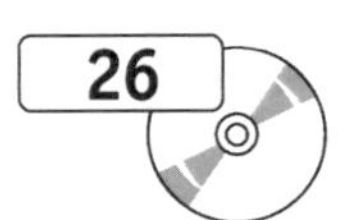

Not Today, Maybe Tomorrow

Heute nicht, vielleicht morgen

Tatjana Davidoff

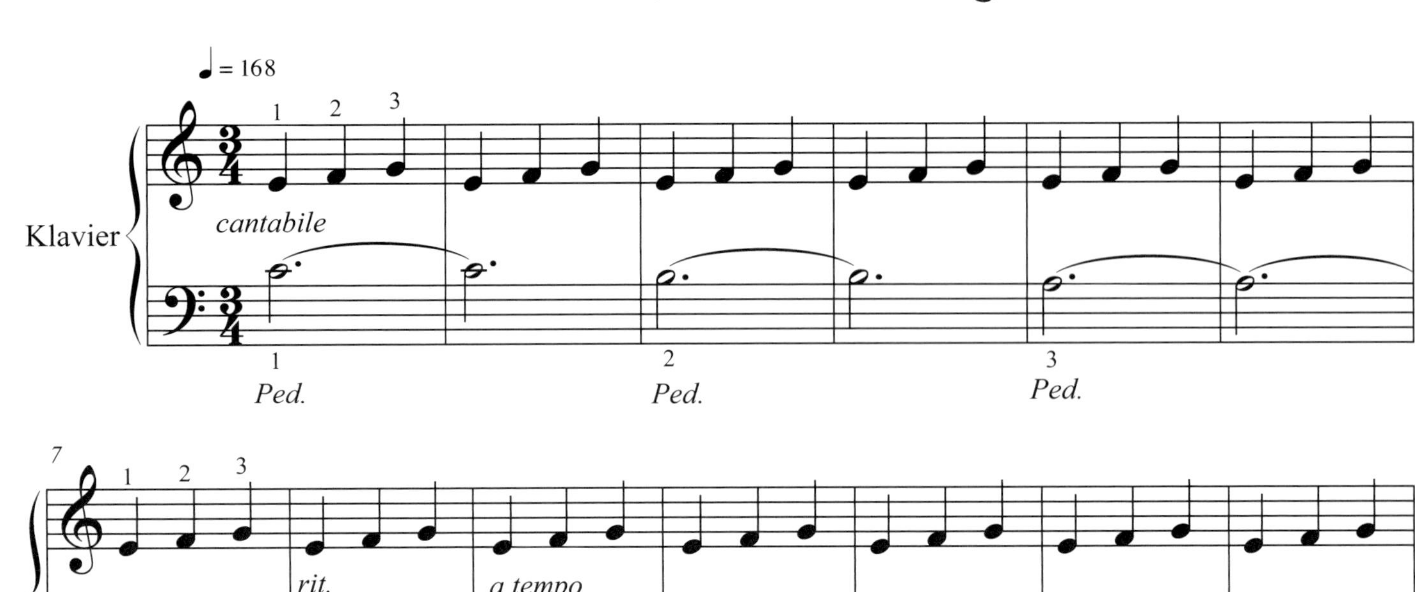

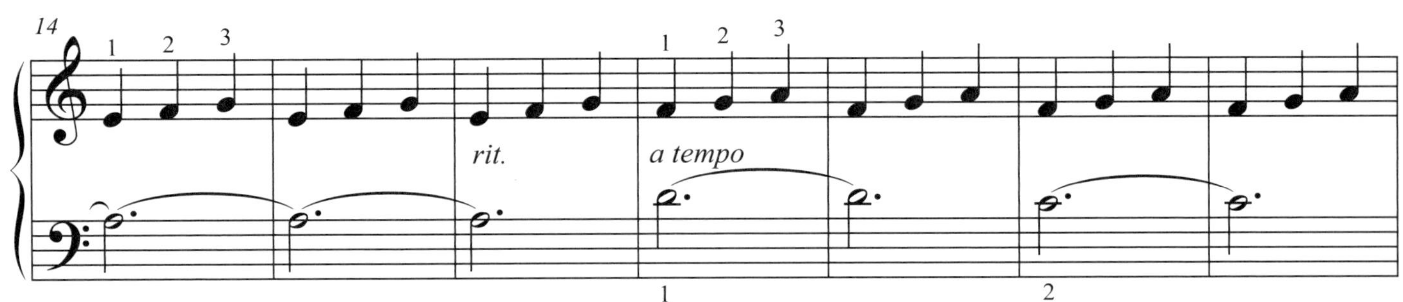

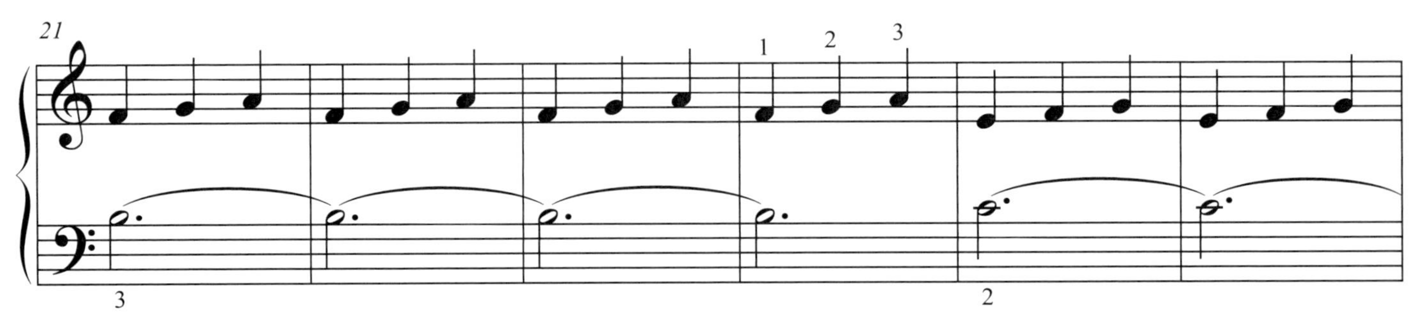

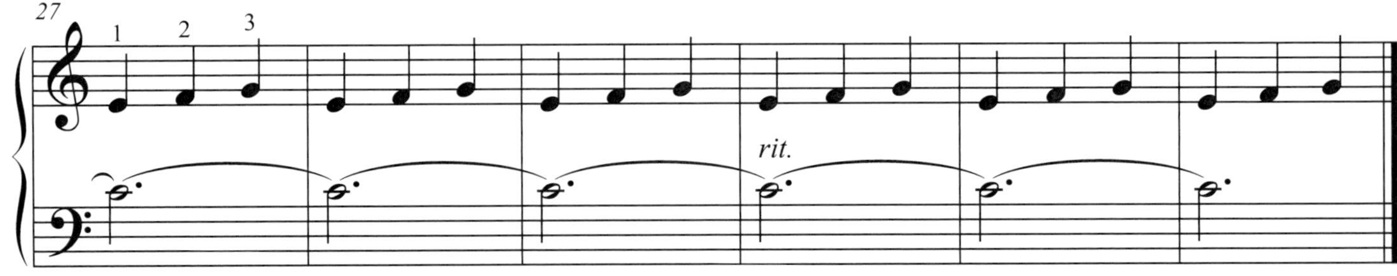

Erklärungen zu den musikalischen Zeichen

Ped.	= Pedalzeichen
con ped.	= mit Pedal
senza ped.	= ohne Pedal
ritardando (rit.)	= langsamer werdend
a tempo	= wieder im ursprünglichen Tempo weiterspielen
8va	= spiele eine Oktave höher
8vb	= spiele eine Oktave tiefer
𝄐	Fermate = über den notierten Notenwert hinaus länger klingen lassen

Weitere Notenausgaben für Klavier von artist ahead

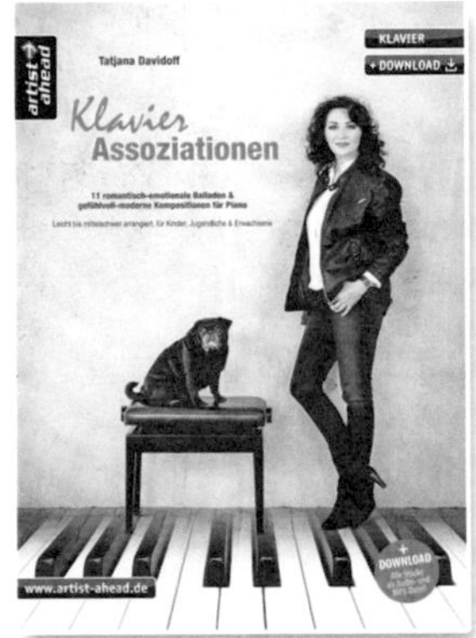

KLAVIER-ASSOZIATIONEN

11 romantisch-emotionale & gefühlvoll-moderne Balladen - leicht bis mittelschwer

Du magst es romantisch und emotional? Du liebst es modern und klassisch? „Klavier-Assoziationen" ist ein Notenbuch mit 11 vielfältigen und spannenden Kompositionen. Der Musikstil vereint viele verschiedene Elemente aus Pop, Rock, Jazz, aber auch Klassik miteinander. Der optionale Download ist die perfekte Unterstützung, um den Ausdruck und die richtige Artikulation nachvollziehen zu können oder dient auch wunderbar als Hintergrundmusik zu einem entsprechenden Anlass. Die Stücke sind zärtlich anrührend und sehnsuchtsvoll, aber auch herausfordernd und frisch. Beim Zuhören schwankt man zwischen dem verträumten Genießen der Musik und dem sanften Impuls, die Stücke selbst zu erlernen und spielen zu wollen. Die Musik durchschreitet alle Gefühle des Lebens und ist damit „Wie das Leben selbst".

Tatjana Davidoff
A4-Buch inkl. Download, 48 Seiten
ISBN 978-3-86642-093-9

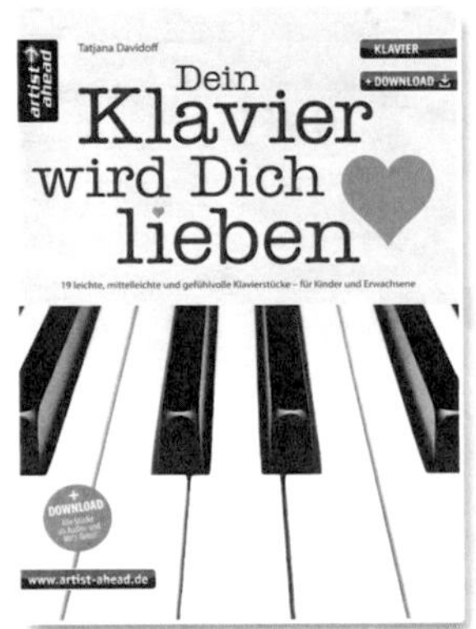

DEIN KLAVIER WIRD DICH LIEBEN

19 leichte, mittelleichte und gefühlvolle Klavierstücke für Kinder und Erwachsene

Dein Klavier wird Dich lieben enthält 19 Klavierstücke, die sehr leicht und fast nur in Viertelnoten geschrieben sind, dabei aber dennoch anspruchsvoll klingen. Dadurch hast Du die Möglichkeit sehr entspannt die Noten sowie den Bassschlüssel zu erlernen und zu spielen. Die Kompositionen in diesem Klavierbuch legen den Grundstein für den Umgang mit Intervallen (Terzen, Quinten usw.). Die einfachen Dur- und Mollharmonien schulen Dein Gehör und die ausführlichen Fingersätze erleichtern Dir das Spielen selbst. Da Du die hier gesammelten Stücke ohne Schwierigkeiten spielen kannst, empfindest Du das Üben nicht als etwas Mühsames und Anstrengendes. Ganz im Gegenteil: Du erlebst das Klavierspielen so, wie wir es lernen und spielen wollen - als eine wundervolle Art und Weise, die eigenen Gefühle in Musik auszudrücken.

Tatjana Davidoff
A4-Buch inkl. Download, 48 Seiten
ISBN 978-3-86642-092-2

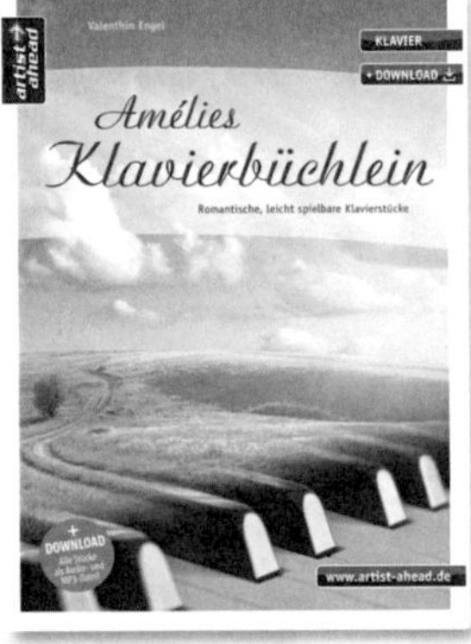

AMÉLIES KLAVIERBÜCHLEIN

Romantische, leicht spielbare Klavierstücke

Das Bestseller-Spielbuch von Valenthin Engel. Bei vielen jungen Klavierschülern entsteht bereits nach kurzer Zeit der Wunsch sich Stücke zu erarbeiten, die schön klingen, trotzallem aber leicht zu erlernen und daher schnell spielbar sind. Erfolgsautor Valenthin Engel hat hier eine Sammlung von Klavierstücken zusammengestellt, die das Arbeiten mit einer klassischen Schule sinnvoll ergänzen. Leichte, romantische Melodien, die ein wenig an Filmmusik erinnern und auch langsam gespielt richtig viel Spaß machen.

Valenthin Engel
A4-Buch inkl. Download, 56 Seiten
ISBN 978-3-86642-043-4

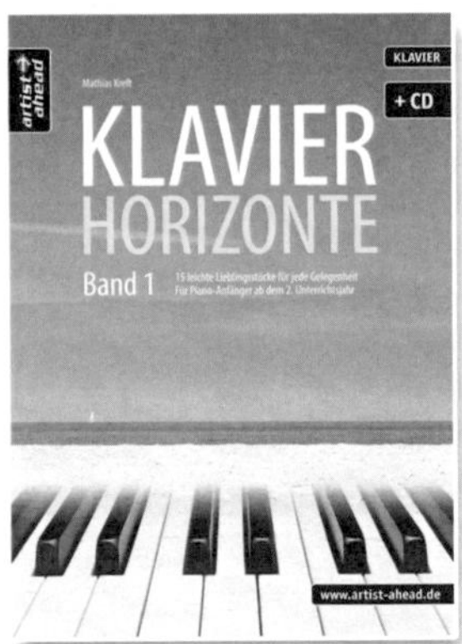

KLAVIER-HORIZONTE - BAND 1

15 leichte Lieblingsstücke - für Anfänger ab dem 2. Unterrichtsjahr

Die Reihe „Klavier-Horizonte" versteht sich als motivierendes Ergänzungsrepertoire zu gängigen Klavierschulen. Die Stücke bieten viel Klangerlebnis bei vergleichsweise geringem technischen Schwierigkeitsgrad (Horizont 1-2). Klanglich orientiert sich die Musik an Popmusik, Filmmusik sowie Impressionismus und Minimal Music. Damit bieten diese Stücke in Klangfarbe und technischen Grundlagen eine gute Vorbereitung auf die schwerer spielbare Musik beliebter moderner Komponisten oder auch Songbooks und populärer Filmmusik-Notenbücher. Einfaches Tonleiterspiel, das Greifen von Dreiklängen und erste Erfahrungen mit rhythmisch unabhängigem Spiel der Hände werden vorausgesetzt. Die Stücke sind über weite Strecken komfortabel im Fünf-Finger-Tonraum komponiert. Sie haben keine oder nur wenige Vorzeichen und sehr selten Vorzeichenwechsel. Die Kompositionen in sind zudem auch für kleinere Hände bestens geeignet.

Mathias Kreft
A4-Buch inkl. Download, 48 Seiten
ISBN 978-3-86642-099-1

Erhältlich unter **www.artist-ahead.de** oder bei Ihrem gut sortierten Fachhändler.